Florence Binay

121 Astuces de sophrologie et autres petits bonheurs

Pour une pratique facile au quotidien

Le Souffle d'Or
5 allée du Torrent – 05000 Gap (France)
www.souffledor.fr

Montage couverture : Véronique Pitte – veropit@orange.fr
Mise en page intérieure : SIR
Illustrations couverture et intérieur : Florence Binay
Crédit photo auteur (4e de couverture) : © Studio Bontant – Paris
Impression et façonnage : Laballery (58 – Clamecy)
Imprimé sur papier bouffant 80 g

Dépôt légal : septembre 2014
ISBN 978 2 84058 516 9

éditions
LE SOUFFLE D'OR

5 allée du Torrent – 05000 Gap – France
Tél. 04 92 65 52 24
www.souffledor.fr

À Jean, l'Invincible,
à Leny, Amour et Énergie de vie,
à Pascal.

« J'ai décidé d'être Heureux
car c'est bon pour la santé. »
Voltaire

Sommaire

LES + DU QUOTIDIEN

LE TOP 5

LES TOP CHRONO

LES V.I.P.
VERY IMPORTANTE PRATIQUE

Avant-propos

Chacun de nous porte en lui tous les possibles, ses propres ressources, une étincelle de vie belle et lumineuse.

Mon parcours, mon questionnement personnel et ma pratique professionnelle ont toujours été guidés par ces quelques mots. Créativité et richesse intérieure que nous possédons tous.

J'ai toujours aimé cette idée que nous sommes le capitaine à bord de notre navire, comme le disait si bien Nelson Mandela.

Ma pratique s'appuie sur cette philosophie. Outre des accompagnements spécifiques sur certains vécus, je m'attache toujours, que ce soit en accompagnement individuel, de groupe, en entreprise ou dans le cadre de formations que j'anime, à la pédagogie, aux outils concrets, simples et pratiques qui permettent à chacun d'améliorer, d'embellir sa vie et son quotidien, de transmettre ou de partager.

Je vous invite donc, que vous soyez novices dans cette approche, parents, professionnels, ou expérimentés, à ajouter de la vie à votre vie !

Introduction

Force est de constater que le bonheur n'est pas un dû mais se cultive comme un jardin. C'est une capacité de l'être humain. Et cette aptitude est maintenant étudiée, mesurée, enseignée.

À l'université de Harvard aux États-Unis, le cours du professeur Tal Ben Shahar, « professeur de Bonheur », est le plus fréquenté !

Force est de constater également que la manière de penser la plus répandue dans notre société est plutôt de l'ordre de la focalisation sur le négatif. Un vrai déséquilibre pour l'être humain mis en évidence au quotidien ; il suffit de regarder les informations diffusées par certains médias...

Nous n'avons pas le pouvoir de changer le monde, mais de changer notre façon de penser, de voir la vie, de lâcher prise sur certaines choses. Nous seuls avons la possibilité, la responsabilité dirais-je, de nous rendre plus heureux.

Sans être égoïste, je suis convaincue que la personne la plus importante, c'est d'abord vous… j'ai souvent constaté dans mon quotidien que le sentiment d'être agréable que j'éprouvais changeait considérablement la qualité de ma relation aux autres.

Et ce qui favorise l'émergence d'un état plus serein, c'est de prendre le temps de se poser, d'arrêter de courir après le temps ou les résultats, d'oublier les fausses urgences, de cesser parfois d'agir et de vouloir pour passer à la présence attentive et respectueuse à soi et au Monde.

Arrêtez-vous, observez, respirez !

Cela ne veut pas dire que pour être plus positif et heureux de l'être, il nous faille lutter contre le négatif, ou essayer désespérément d'obtenir une absence de négatif. Ce serait plutôt nous intéresser, tous les jours, à ce qui va bien dans tous les aspects et domaines de notre vie, de chercher et cultiver nos ressources, multiplier et ressentir pleinement ce qui est bon pour nous. Ce qui permet petit à petit de faire reculer la place du négatif.

De nombreuses études scientifiques nomment clairement maintenant les effets positifs des différentes techniques de bien-être sur la santé globale. Aux États-Unis, 200 hôpitaux utilisent des techniques de respiration et de méditation[1] pour traiter les personnes dépressives en accompagnement complémentaire. Les résultats sont éloquents au bout

1. Rappelons que méditer veut dire « revenir au centre ».

de deux mois : anxiété et pression sanguine diminuées, système immunitaire renforcé et intérêt retrouvé pour autrui[2].

L'être humain est bien fait et frise, dans son fonctionnement biologique, la perfection.

Nous sommes dotés de systèmes ultra-perfectionnés qui régulent et équilibrent notre milieu intérieur. Telle une voiture, nous sommes équipés d'un frein et d'un accélérateur qui permettent cet équilibre. Dans le système nerveux périphérique autonome, qui a pour rôle de réguler le fonctionnement de nos organes, nous trouvons deux branches qui innervent chacune les organes du corps à partir du cerveau émotionnel : la branche sympathique et la branche parasympathique.

Le circuit sympathique libère adrénaline et noradrénaline et nous permet l'action, la mise en mouvement, mais aussi le combat et la fuite !

Le circuit parasympathique diffuse un neuro-transmetteur différent qui induit les états d'apaisement, de relâchement, de calme.

Ce sont ces deux systèmes qui nous permettent de nous adapter au mieux aux changements du quotidien et de revenir à l'équilibre. Les pratiques de sophrologie, de méditation, de détente, favorisent l'équilibre de ces deux systèmes.

---

2. Université du Wisconsin, études scientifiques en collaboration avec Matthieu Ricard.

Pour beaucoup d'entre nous, dans le quotidien, les variations de notre physiologie dues à des stress nous épuisent et provoquent de véritables pertes d'énergie vitale.

En dix-huit ans d'expérience, je vois, j'entends, des femmes et des hommes passer d'états de stress (plus ou moins importants) à l'apaisement (plus ou moins ressourçant) un nombre incalculable de fois dans la journée. Météo interne (plus ou moins au beau fixe !) provoquant des réactions émotionnelles perturbant l'homéostasie.

Impératifs du matin... stress

Petite pause au travail... ouf

Réunion importante... stress

Déjeuner... ouf

Tiens, un(e) collègue agressif(ve)... stress

Fin de journée... ouf

Embouteillage (ou transports en commun, au choix !)... stress

Retour à la maison... ouf

Les informations télévisées, le coucher des enfants... stress

Et nous voici épuisés dans le canapé... Et ainsi de suite... nous en oublions de revenir à l'essentiel : de prendre du temps, un petit temps pour nous.

En renforçant notre système parasympathique par de simples exercices, nous activons le frein physiologique qui permet le retour à l'équilibre interne. Il devient alors plus aisé de s'en servir dans le quotidien.

Les études montrent que ce sont des émotions comme la tristesse, la colère, l'anxiété, accompagnées de soucis banals ou de pensées générateurs de ruminations, qui font pencher la balance vers les perturbations de notre météo intérieure. En l'espace de quelques secondes, les messages sont envoyés au corps.

La bonne nouvelle est que l'inverse fonctionne très bien. Ce sont les sentiments de calme, de joie, d'émerveillement, de gratitude, d'amour qui favorisent l'équilibre physiologique et mental. En quelques secondes et de la même manière, des messages de cette nature nous sont envoyés et circulent dans le corps.

Les stress répétés accompagnés de nos ruminations mentales amènent des peurs, de l'anxiété, et perturbent notre relation à nous-mêmes, mais aussi nos relations avec notre entourage. Des difficultés de concentration et d'écoute, d'irritabilité, de repli sur soi et de perte d'intérêt peuvent toucher différentes sphères de notre vie.

Il est fréquent alors d'entendre le besoin de changer quelque chose, ou l'envie d'autre chose, sans vraiment savoir quoi ni par où commencer. C'est là que la personne, dans la majorité des cas, focalise sur les conditions extérieures à son bonheur : « c'est à cause de... », « et si je changeais de job », « et si je vivais ailleurs... je me sentirais certainement mieux. »

En attendant nous rêvons à des jours meilleurs, aux prochaines vacances, au prochain week-end, voire à la retraite. Nous serrons les dents... et le temps passe, continuant, lui, sa progression ! Comme s'il nous laissait sur place.

Notre corps, avec toute son intelligence, se met alors à parler : mal de dos, insomnie, palpitations, hypertension, problèmes de peau ou de digestion, baisse du système immunitaire, oxydation...

Alors pourquoi attendre ces jours meilleurs, ce jardin d'Éden ?

Prenons le problème à l'envers et activons notre autonomie et notre responsabilité pour créer notre paradis ici et maintenant.

Remplaçons la perpétuelle idée d'obtenir de l'extérieur des circonstances idéales par l'habitude d'équilibrer et de renforcer notre météo personnelle. Outre les bienfaits sur le corps et l'esprit, le résultat le plus flagrant est que le monde extérieur a beaucoup moins de prise sur nous.

Trop absorbés par cet extérieur, les urgences et les impératifs, nous mettons notre propre vie entre parenthèses... en oubliant l'essentiel : NOUS.

À quand remonte votre dernier rendez-vous avec vous ?

J'entends depuis longtemps la demande récurrente de continuer à pratiquer dans le quotidien ; d'arrêter de fonctionner comme des machines, le corps relégué au rang de la performance, voire inexistant ; j'entends le manque de respiration, le besoin de contacter une autre énergie de vie...

Prendre soin de soi n'est pas forcément synonyme de temps long et d'argent. C'est beaucoup plus simple que cela.

Ce livre est conçu comme autant de petits RDV avec vous et ne remplace en aucun cas des séances avec un sophrologue confirmé. Il a plutôt pour vocation de soutenir votre quotidien : être plus serein et disponible, réactif si besoin, avoir le sentiment de pouvoir faire quelque chose pour soi, de stopper le cercle infernal du stress.

Les exercices sont simples et rapides et deviendront vite vos alliés. L'objectif étant de pouvoir les vivre aisément dans votre journée comme une pause, un sas de décompression, une bulle de régénération. Le Docteur Ed Diener, de l'Université de l'Illinois, chercheur sur le thème du bonheur, dit : « Ce n'est pas l'intensité de la sensation positive qui compte mais sa fréquence. »

En effet, la répétition fait l'intégration.

Les exercices, même les plus courts, sont construits pour être les plus accessibles, de la façon suivante :

1 – un petit temps d'installation, de sas, de retour à soi ;

2 – un temps pour l'exercice choisi ;

3 – un temps pour observer, respirer, savourer.

Votre fil conducteur et votre priorité seront : prendre soin de vous, vous faire plaisir et vous amuser.

Les exercices sont allégés de tous termes techniques et courts dans leurs explications, afin que leur mise en application ne soit pas une contrainte. De plus, vous pouvez combiner vos exercices préférés, piocher dans les rubriques au hasard et les utiliser comme bon vous semble.

Si vous êtes débutants, choisissez deux ou trois exercices courts qui vous semblent agréables et qui vous attirent. Répétez-les jusqu'à ce qu'ils vous procurent des sensations agréables. Soit au niveau de votre respiration, de sensations corporelles de détente ou de dynamisme, de belles images, ou encore des sentiments de joie...

Vous trouverez aussi des pratiques communes à plusieurs thèmes.

N'oubliez pas que votre moteur doit être le plaisir et dames Volonté et Persévérance, vos alliées.

Enfin, pour plus d'efficacité, voici quelques derniers petits conseils avant de vous lancer. Faites les exercices avec « le regard de la première fois », même si vous les avez déjà expérimentés ! Toujours avec bienveillance, neutralité et en vous abstenant de tout jugement sur vous, afin d'éviter les messages négatifs envoyés par le cerveau au corps. Soyez au maximum à ce que vous êtes en train de vivre. Pour cela, gardez votre attention sur les sensations agréables, la respiration, vos points d'appuis et de contacts, les images, les couleurs... pour laisser l'extérieur à sa place et mieux revenir « chez vous ». L'inspiration se fait par le nez et l'expiration par la bouche, ou le nez si vous préférez. Cet expire est votre frein ; il permet l'équilibre, la détente, l'apaisement.

Après chaque moment de pratique, même le plus court, savourez le petit plus éveillé en vous, votre énergie corporelle, respiratoire, prenez conscience de votre détente ou de votre dynamisme, accueillez le nouveau en vous ! Respirez !

Et pour la petite astuce en plus, félicitez-vous, remerciez-vous et remerciez votre corps, fidèle compagnon de route, afin de cultiver des sentiments de confiance et de gratitude qui augmenteront votre taux de bonheur et vous accompagneront pendant plusieurs heures.

Puissiez-vous trouver des ressources qui deviendront les vôtres.

Les + du quotidien

« La joie et le bonheur ne sont pas un dû ;
nous les trouvons en nous et nulle part ailleurs. »

Bouddha

Les Matinaux

Ou comment être dans une intention positive de la journée

Avant de se lever

Si nous observons un bébé à son réveil, il prend un temps fou à s'étirer de tout son corps, du bout des orteils jusqu'au bout des doigts, moment merveilleux pour l'observateur, d'éveil à la vie en douceur. Notre corps a besoin de cette douceur, de temps pour se remettre en mouvement, retrouver la mobilité.

Vivez quelques belles respirations bien amples et commencez par bouger les orteils, étirez vos jambes ; puis dans l'inspire sentez votre colonne et votre ventre s'étirer vers le haut du corps, grandir... étirez vos bras sur les côtés et surtout vers le haut, étirez même vos doigts jusqu'au bout des doigts. Prenez conscience comme cela est agréable...

Trouvez un petit plaisir du matin « tiens, je vais me boire un bon café, ou encore : me prendre une bonne douche vivifiante » et levez-vous avec plaisir !

***Astuce en plus** : De la même manière, associé ou non aux étirements, bâillez aussi grand que vous le souhaitez et ne réprimez pas vos bâillements qui sont une source fabuleuse d'oxygénation du corps et des cellules. À cette heure de la journée, ils peuvent être vivifiants et mettre le corps en éveil.*

Douche sèche

Pour réveiller le corps et se mettre en disponibilité pour sa journée.

Debout sans tensions (ou position assise) installez-vous devant votre fenêtre, en tout cas dans un endroit que vous appréciez, les pieds bien stables au sol.

Choisissez le geste adapté à votre envie du matin : doux, tonique... et comme si vous savonniez votre corps, éveillez chaque partie avec ces automassages de la tête aux pieds en prenant votre temps. Gardez bien l'attention sur ce que vous êtes en train de faire.

Restez debout ou asseyez-vous et savourez les sensations agréables, cette vivance du corps. Prenez le temps de bien respirer ces sensations comme pour vous en remplir.

***Astuce en plus** : finissez par une affirmation positive que vous nommez plusieurs fois mentalement.*

Respiration du matin

Debout les pieds bien stables au sol, le corps relâché, portez l'attention sur le mouvement de l'inspire et de l'expire en vous, comme un doux mouvement...

Puis dans l'inspire, dites mentalement : « J'absorbe force, Santé, Vitalité. »

À l'expire : « J'intègre ces forces vitalisantes jusque dans les cellules, ou dans mes os, mon système sanguin... » (au choix)

Faire entre sept et dix respirations complètes.

***Astuce en plus :** Vous pouvez vous aider d'images, de couleurs, de senteurs...*

Ancrage du matin

Debout dans votre endroit préféré, frottez vos pieds au sol pour activer les sensations au niveau de la plante des pieds, ou si vous préférez et que vous n'avez pas de voisins grincheux, tapez vos pieds l'un après l'autre, avec énergie, au sol.

Puis posez-vous sans tensions, stable sur vos 2 pieds, les points clés du corps relâchés : mâchoires, épaules et fessiers, genoux légèrement fléchis afin d'observer, sentir, accueillir les sensations dans la plante de vos pieds.

Imaginez, visualisez de belles racines qui vont profondément dans la terre et laissez venir à vous l'image d'un bel arbre, bien fort, bien déployé vers le haut.

Savourez ce bel arbre que vous êtes, vivez quelques belles respirations bien amples et ouvrez vos yeux avec plaisir sur votre journée qui commence !

Astuce en plus : *vous pouvez donner une qualité ou une force à votre arbre avant d'ouvrir les yeux.*

Bonjour à la journée

Voici un beau moyen de célébrer la journée qui commence, de dire bonjour à son corps, à ses respirations.

Debout (et oui encore !) posez vos mains sur la cage thoracique et observez le mouvement respiratoire juste sous la paume des mains. Puis dans l'inspire, déployez vos bras sur les côtés, déployez-vous ! À l'expire, revenez poser vos mains au niveau du cœur.

À faire plusieurs fois.

Astuce en plus : *choisissez une qualité, une affirmation positive à la fin de l'exercice, par exemple : je suis rempli de joie ; ou laissez venir un grand sourire.*

Les Astucieux

Ou comment se rendre disponible pour son repas, couper avec les préoccupations, remédier aux coups de fatigue et pourquoi pas l'utiliser au travail.

Bâillements

Une autre façon de vivre les bâillements : les utiliser pour se relâcher, lâcher la pression, oxygéner le corps et les cellules.

Debout ou assis, prenez quelques secondes pour vous installer confortablement, sans tension (au besoin, relâchez vos points clés). Prenez également quelques secondes pour sentir le mouvement de l'inspiration, de l'expiration en vous.

Puis en même temps qu'une inspiration, ouvrez grand la bouche, et laissez-la ouverte le plus longtemps possible jusqu'à ce qu'un grand bâillement se déclenche !

Recommencez... et laissez les bâillements se faire. Un bon bâillement en amène un autre ! Plus ils sont grands et sonores, plus vous libérez les tensions, les énergies négatives, le stress... plus vous oxygénez votre corps et vos cellules.

Astuce en plus : *si vous avez des enfants, faites des concours de bâillements : les plus grands, les plus nombreux, les plus sonores. Ils adorent, s'amusent beaucoup et cela permet de détendre tout le monde et de rire.*

Séries de respirations

Tout simple !

Là où vous êtes, assis ou debout, vivez une série de cinq grands inspires et cinq longs expires.

Faites un temps de respirations naturelles, puis recommencez une autre série de cinq inspires, cinq expires. Vous pouvez en faire une troisième série et prendre le temps de sentir dans le corps la détente, le relâchement des épaules par exemple, la respiration plus libre, l'énergie retrouvée, etc.

Astuce en plus : *à la fin laisser venir une belle image, une couleur, une force ou encore une qualité.*

Rappel : inspire par le nez ; expire par le nez ou la bouche.

Jacobson en trois fois

Système de tension détente très efficace !

Assis ou allongé, installez-vous le plus confortable possible. Laissez le rythme respiratoire se poser lui aussi, plus calme.

Lorsque vous le souhaitez, suivez une inspiration comme si elle partait du bout des pieds pour remonter vers la tête ; au bout de cet inspire, mobilisez agréablement votre corps, c'est-à-dire contracter agréablement et en même temps, poumons pleins :

- les muscles du visage ;
- les poings ;
- les fessiers ;
- les orteils.

Puis relâchez bien en expirant profondément plusieurs fois.

Recommencez trois fois et prenez le temps de savourer la détente ou l'énergie retrouvée avant de reprendre votre quotidien.

Astuce en plus : *à la fin laissez venir une belle image, une couleur, une force, une qualité ou un mot de calme suivant votre besoin.*

Massage de la nuque et relâchement des épaules

Très utile devant son ordinateur.

Posez les coudes sur votre table ou votre bureau. Basculez la tête vers l'avant. Doucement et à l'aide de vos pouces, massez les muscles de chaque côté de la colonne cervicale en remontant vers la racine des cheveux, autant de fois que vous le souhaitez.

Puis posez vos mains sur les cuisses et laissez descendre vos épaules, comme si elles s'abaissaient à chaque expiration.

Observez la chaleur, la détente de la nuque, de la tête...

Astuce en plus : *prolongez si vous avez un peu de temps en laissant à chaque expiration la détente infuser dans le reste de votre corps.*

Massage bas du dos et ventre, beau soleil

Pour activer rapidement son énergie vitale.

Assis au bord de la chaise les pieds bien au sol, ou debout.

Avec la paume des mains ou les poings, frottez, frictionnez le bas du dos (appelé aussi charnière lombaire), puis passez au massage en circulaire et avec la paume de la main de votre ventre.

Observez maintenant la sensation ou les sensations dans cette région ; chaleur ou toute autre sensation agréable que vous laissez se diffuser un peu plus à chaque temps expiratoire.

Astuce en plus : *si cela vous plaît, vous pouvez tout à fait imaginer, après l'activation massage, un beau soleil, une belle couleur, une étoile, une jolie fleur, logé au cœur de votre ventre.*

Les Récupérateurs

Ou comment utiliser quelques clés de récupération

Automatisme de détente en trois expires

Plus vous le faites, plus ça fonctionne, plus c'est efficace !

Allongé ou assis en fonction de l'endroit, retrouvez ce mouvement inspire-expire en vous. Laissez tranquillement le temps de l'expire s'allonger un peu. Puis à votre rythme, vous vivrez une expiration qui détend toute votre tête et votre visage ; une autre expiration qui détend vos bras et votre buste ; une encore qui détend vos jambes et vos pieds.

Recommencez plusieurs fois afin de vous détendre profondément.

Astuce en plus : *vous pouvez, sur le temps de chaque expire, associer une couleur, une lumière, la pression qui baisse... soyez créatif.*

Respirations abdominales

Pour cet exercice, desserrez la ceinture !

Allongé ou assis très confortablement, faites le tour de vos points d'appuis avec l'endroit où vous êtes installé et portez l'attention sur le mouvement respiratoire de votre ventre. Sentez comme il se soulève légèrement dans l'inspire, s'abaisse à l'expire. Vous n'avez rien d'autre à faire que de suivre ce mouvement. Au fur et à mesure des respirations, vous constatez que le temps de l'expire s'allonge ou que vos respirations deviennent plus profondes. Laissez-vous aller à une forme de détente ; observez si vous sentez plus de pesanteur, de légèreté, de chaleur dans votre corps et associez-y un mot de calme (ou au contraire plus tonique) de votre choix que vous nommez plusieurs fois sur le temps de l'expiration.

Astuce en plus : *il est possible d'imaginer que le ventre se gonfle comme un ballon à l'inspiration et que ce ballon se vide de son air à l'expiration ; expiration que vous faites en soufflant par la bouche comme si vous laissiez sortir l'air.*

Suivre le trajet de l'air

Un avant-goût de Prana

Fermez les yeux et portez l'attention sur votre nez.

Bougez vos narines pour mieux prendre conscience de sa présence. Puis desserrez totalement les dents et laissez s'abaisser vos épaules. Ensuite, suivez agréablement la sensation de l'air que vous inspirez par les narines et son trajet jusque dans les poumons ; suivez de la même manière la sensation ou le trajet de l'air que vous expirez par le nez ou par la bouche...

Astuce en plus : *pour varier les plaisirs, servez-vous d'images, de senteurs que vous aimez comme par exemple de l'air pur, le parfum d'une fleur, de la nature après la pluie, etc.*

Automassages relaxants de la tête et respirations

Le cuir chevelu, la tête accumulent eux aussi des tensions ; les libérer permet de retrouver des idées claires et de l'énergie.

Posez vos coudes sur la table et à l'aide de vos doigts prenez bien le temps de masser dans sa totalité tout votre cuir chevelu. Continuez en massant vos tempes, puis les lobes de vos oreilles.

Et si vous preniez conscience en même temps que vos automassages, que vous respirez paisiblement ? Vous accentuez ainsi l'effet relaxant et récupérateur.

Étirez-vous et reprenez vos activités !

***Astuce en plus :** pour davantage de sensations agréables au niveau du cuir chevelu, donc de bonheur en plus, variez les automassages : doigts en griffes, frictions avec les phalanges, le bout des doigts, pressions avec les doigts.*

De plus, vous oxygénez considérablement votre cuir chevelu, donc de beaux cheveux à la clé !

Points d'appuis

Revenir ici et maintenant, au présent

Installez-vous confortablement en position allongée ou semi-allongée. Faites le tour de vos points d'appuis : contact de l'arrière de la tête, des omoplates, des coudes, des mains, du dos... Jusqu'aux pieds, conscience fine de votre position. Retrouvez le mouvement de l'inspire et de l'expire en vous. Quand vous le souhaitez et sur le temps de l'expiration, laissez se déposer dans le souffle tout votre corps au fur et à mesure, de l'arrière de la tête jusqu'aux pieds. Comme si vous étiez sur une plage de sable fin, un matelas moelleux !

***Astuce en plus :** recommencez plusieurs fois du haut vers le bas. Vous avez la possibilité de pratiquer cet exercice assis, ce qui peut être très utile au travail.*

Les Décompresseurs

Ou comment s'accorder un sas de décompression de retour à la maison

Pantin désarticulé

Surtout ne pas être sérieux !

Les yeux ouverts, amusez-vous à sautiller ou rebondir le plus souplement possible ; laissez aller les bras, la tête, les jambes, mollement, comme un pantin désarticulé.

Respirez librement en le faisant. Puis allongez-vous bras et jambes écartés au sol.

Observez les modifications sensorielles (picotements, chaleur...) et respiratoires ; leur rythme se pose au fur et à mesure.

Vivez pleinement vos expires pour équilibrer vos sensations et vos respirations et évacuer les tensions de la journée.

Laissez venir votre mot de calme, ou un mot à teneur plus énergique, en le répétant plusieurs fois sur le temps de l'expire.

Astuce en plus : *remplacez pour varier les plaisirs, votre mot de calme par une belle image.*

Faites cet exercice avec vos enfants. Ils adorent et cela permet de partager un bon moment.

Haussements d'épaules

Se libérer de ses préoccupations

Retrouvez votre posture debout et la sensation de stabilité sur vos pieds ; constatez qu'il est de plus en plus facile de capter cette sensation de vos deux pieds bien ancrés au sol et de relâcher vos points clés comme un automatisme, de retrouver très vite le mouvement agréable de vos respirations qui se posent, elles aussi, comme un automatisme.

Prenez le temps de vous étirer, bâillez...

Puis vivez une belle inspiration et sur le temps de l'expire, secouez agréablement vos épaules jusqu'à vider vos poumons de leur air ; un peu comme si vous laissiez aller les tracas de la journée.

Respirez tranquillement pendant quelques secondes puis recommencez deux ou trois fois.

Ensuite portez l'attention sur les sensations, le petit plus d'énergie corporelle activée... et savourez !

Astuce en plus : *si vos épaules et votre nuque sont douloureuses, secouez vos épaules avec encore plus de douceur ou préférez seulement secouer les doigts de façon énergique.*

Dépoussiérage

Rien de tel qu'un peu de ménage après une bonne journée !

Prendre le temps d'installation confortable sur la plante des pieds : détaillez les points d'appuis, la sensation des pieds en contact avec le sol, la terre.

Relâchez vos points clés et retrouvez l'amplitude agréable de l'inspire et de l'expire.

Puis comme vous faites votre ménage dans votre maison, dépoussiérez votre corps avec vos mains des stress, des préoccupations, soucis, énergies négatives de la journée... de la tête aux pieds !

Vivez de belles respirations bien amples après ce petit nettoyage et savourez votre présence ici et maintenant, votre énergie retrouvée.

Astuce en plus : *comme le pantin désarticulé, cet exercice peut se faire volontiers avec des enfants. Ludique et simple !*

Relâcher les tensions nuque – épaules

Assis confortablement, imaginez, sentez, qu'à chaque expiration lente et prolongée, votre corps se dépose sur la chaise.

Commencez par relâcher les mâchoires en desserrant les dents et en faisant des mouvements comme si vous mâchiez un chewing-gum de façon exagérée.

Observez les sensations au niveau du visage et particulièrement dans la partie inférieure de votre visage...

Puis le plus lentement possible et en respirations libres, faites tourner délicatement votre tête comme si elle faisait un rond autour de l'axe de la colonne.

Très lentement... deux ou trois tours dans un sens, puis dans l'autre.

Après ces doux mouvements de massage de la nuque, les mains posées sur les cuisses, utilisez chaque expiration pour laisser aller vos épaules à la détente. Comme un souffle qui se diffuse, vos épaules, votre nuque, vos omoplates se libèrent des tensions.

***Astuce en plus :** si vos cervicales sont douloureuses, prenez soin de faire l'exercice de rotation de la tête en ne bougeant que sur le temps de l'expire.*

Cette technique peut être très utile au bureau et utilisée facilement ; efficace même sans les rotations de la tête, si vous devez être discret.

Extensions et étirements avec affirmation positive

Cet exercice se fait en position debout ou assise.

Laissez l'extérieur à sa place en portant l'attention sur vos points d'appuis avec le sol ou avec la chaise.

Dans un deuxième temps, posez votre regard sur votre corps qui respire de plus en plus tranquillement ; au besoin allongez légèrement le temps d'expire...

Sur une belle inspiration, étirez-vous du bout des orteils jusqu'au bout des doigts, extension du corps de la tête aux pieds. Si vous êtes debout, imaginez que vous allez toucher les étoiles, la voûte céleste, le soleil, la cime des arbres...

Relâchez l'étirement, l'extension, en soufflant l'air lentement. Faire trois fois.

Prenez conscience des sensations agréables que procure cet exercice, savourez ce moment de ressource tout simple et choisissez une affirmation positive.

Exemples : je suis serein, je suis calme, je suis disponible, je suis rempli d'énergie...

Astuce en plus : *technique qui peut également se pratiquer avec son enfant en proposant des affirmations positives adaptées : je grandis, je suis confiant, je suis calme, je suis concentré...*

Les Nocturnes

Ou petites astuces de lâcher-prise afin que le sommeil ne soit plus « mission impossible » Si vous l'acceptez, voici quelques missions !

Inspirez... bâillez !

Le soir, un autre moment opportun pour utiliser les bâillements.

Dans l'inspire, ouvrir grand la bouche jusqu'à provoquer les bâillements. Surtout ne vous découragez pas, il n'y a pas de mission impossible, cela vient petit à petit ; de nouveau, inspirez en gardant la bouche grande ouverte jusqu'à l'arrivée bienvenue et relaxante des séries de bâillements.

Bâillez aussi grand et autant que vous le désirez !

Astuce en plus : *n'oubliez pas le concours de bâillements : les plus grands, les plus longs, les plus nombreux !*

Tour du propriétaire

Permet de revenir à soi et de laisser les pensées s'éloigner, s'estomper.

À chaque temps d'expire, sentez ou imaginez le corps se déposer, s'enfoncer dans le matelas. Commencez par l'arrière de la tête, les épaules, les coudes, les mains, les omoplates, puis tout le dos... Jusqu'aux pieds.

Recommencez plusieurs fois jusqu'à sentir votre corps un peu plus lourd ou léger sur votre matelas.

Astuce en plus : *vous pouvez également, en commençant par le sommet du crâne, entourer votre corps d'une lumière ou d'une couleur qui vous plaît, comme le font les enfants allongés sur une feuille avec un feutre de couleur.*

Accompagner la respiration

Apprivoiser ce mouvement de vie doux et paisible en soi.

Posez vos mains bien en contact sur votre ventre. Vous êtes installé confortablement sur le dos dans votre lit.

Glissez votre attention ou votre mental sous la paume de vos mains. Prenez le temps de capter ce mouvement doux d'inspire et d'expire. En gardant l'attention présente entre la paume et le ventre (ou si vous préférez dans la paume), accompagnez ce mouvement de respiration qui est le vôtre.

Astuce en plus : *au fur et à mesure de la pratique viendront à vous des sentiments de bienveillance, de douceur, de gratitude...*

Remerciez votre respiration de vous permettre la Vie et d'être là.

Image neutre

Que le mental peut être bruyant !

Afin de réduire son activité parfois intense le soir, la nuit, choisissez une image, un objet de concentration, par exemple une fleur, une couleur, un paysage réel ou imaginaire que vous appréciez particulièrement.

Entraînez-vous dans votre quotidien à faire venir mentalement votre image en la détaillant (couleurs, nuances, luminosité, sensations...). Cela vous permettra de créer un automatisme, un réflexe afin de rendre cet outil accessible facilement lorsque vous en aurez besoin. Vous pourrez ainsi bloquer les ruminations, pensées parasites, tout en respirant paisiblement.

Astuce en plus : *faites le tour des points d'appuis de votre corps au préalable dans le lit afin de redoubler l'efficacité de l'image.*

Jolies boîtes

Remettre à plus tard les pensées parasites.

Revenez à vos points d'appuis avec le lit, l'endroit où vous êtes installé ; revenez également à vos respirations (tiens ça respire en moi !!) et listez vos préoccupations du moment, de la journée par ordre d'importance (du plus gros au plus petit).

Imaginez que vous avez à votre disposition de jolies boîtes, de tailles différentes, pourquoi pas comme vos pensées, de la plus grande à la plus petite.

Classez et rangez vos préoccupations dans chacune des jolies boîtes puis déposez-les mentalement dans un endroit en dehors de votre chambre.

Si ces pensées reviennent, raccompagnez-les dans leur boîte en leur affirmant que vous vous en occuperez au moment opportun.

Astuce en plus : *une fois acquise, vous pouvez apprendre cette technique aux enfants en leur suggérant, par exemple, de confier pour la nuit leurs tracas et inquiétudes du moment aux peluches et qu'elles en seront les gardiennes.*

Malle à trésor

Le positif aide également à s'endormir.

De la même manière et de façon imaginaire, créez-vous votre malle à trésor, la plus belle qui soit !

Tous les soirs, mettez-y vos moments de joie, de bonheur, de réussite, de surprise... tout ce qui a été bon et agréable pour vous dans la journée.

Astuce en plus : *n'oubliez pas que le bonheur ou les instants de bonheur sont souvent des choses très simples du quotidien sur lesquelles nous manquons de nous arrêter.*

Les complices du quotidien

« Celui qui vit sans folie
n'est pas aussi sage qu'il le croit. »
La Rochefoucauld

« La vie est un défi à relever,
un bonheur à méditer, une aventure à tenter. »
Mère Teresa

Les Express

Ou comment lâcher la pression rapidement

Trois expires

Technique simple qui peut servir partout.

Votre temps d'expiration doit être un peu plus long que le temps d'inspiration, si possible en soufflant par la bouche. Trouvez votre rythme et ne forcez pas sur l'expire. Le mouvement respiratoire doit rester fluide et très agréable.

1. À l'inspire, portez l'attention sur la zone tête, visage, épaules et utilisez le temps de l'expiration, comme un souffle de détente qui relâche doucement toute cette zone ;
2. À l'inspiration, que vous laissez se faire naturellement, portez l'attention sur la deuxième zone correspondant aux bras et au buste ; expirez lentement pour relâcher ;
3. De nouveau à l'inspire, portez l'attention sur le bassin, les jambes et les pieds ;

relâchez doucement, comme un souffle de détente, cette partie.

Recommencez les trois phases autant de fois que nécessaire.

Astuce en plus : *cette technique fait partie des automatismes de détente ; plus vous la répétez plus elle est efficace !*

Couleur de détente

Un indispensable !

Si vous êtes à l'aise avec les images, vous pouvez tout à fait choisir une couleur pour vous détendre et la diffuser un peu plus à chaque expiration dans votre corps.

Prenez conscience des points d'appuis avec l'endroit ou vous êtes installé et laissez se poser le rythme respiratoire plus calme et plus tranquille. Puis portez l'attention sur une zone respiratoire agréable pour vous : épaules, ventre, thorax, peau...

Diffusez alors votre couleur (qui peut varier) à votre rythme et savourez la sensation agréable de détente que cela vous procure.

Astuce en plus : *vous pouvez également utiliser votre couleur de détente avec l'exercice des trois expires cité juste avant.*

Douche d'énergie

Se remplir d'une belle énergie de vie.

Décidez de vous accorder quelques minutes et visualisez au-dessus de vous une boule d'énergie qui peut être représentée par exemple par un soleil, une boule d'une belle couleur ; prenez le temps de bien voir et sentir cette boule d'énergie juste au-dessus de vous, disponible. Quand vous le souhaitez, comptez jusqu'à trois et laissez s'écouler en vous toute cette énergie. Savourez les sensations dans votre corps.

Astuce en plus : *vous pouvez finir en ajoutant un mot, une qualité ou une affirmation positive et vous étirer, rempli de tout cela.*

Souffle et Terre

Recyclage du négatif et des tensions, soyons écolo !

En posture assise, les mains posées sur les cuisses, détaillez tous les points de contacts de vos pieds au sol : orteils, coussinets, talons... dans votre assise, prenez conscience de vos respirations qui s'installent plus profondément. Puis à chaque expiration, en gardant bien votre attention sur les pieds, imaginez que vous chassez les tensions, le négatif vers les pieds, et au-delà de vos pieds, dans la terre.

Finissez en remerciant notre si belle terre de son aide et laissez venir une image paisible ou un mot de calme.

Astuce en plus : *essayez cette technique fort simple pieds nus, c'est d'autant plus agréable. Et si vous avez l'occasion de pratiquer au moins une fois dans la nature, les pieds réellement en contact avec la terre, vos pieds garderont en mémoire ces sensations pour pratiquer dans votre quotidien.*

Massage global de tout le corps

Se recentrer pour laisser la pression diminuer.

En position debout ou assise ; n'oubliez pas le temps de retrouvailles avec vos points d'appuis et votre respiration.

Avec un geste adapté au moment et à vos besoins dans le présent (doux, tonique, dynamisant... soyez créatif), masser soigneusement tout votre corps de la tête aux pieds. Posez-vous et portez l'attention sur le maximum de sensations corporelles.

Sentez l'énergie de vie de votre corps, respirez-la, savourez-la !

Astuce en plus : *si le contexte ne permet pas ce massage de tout le corps, vous pouvez simplement masser soigneusement vos mains. En médecine énergétique chinoise, tous les endroits importants du corps sont représentés sur les paumes et les doigts. Il en est de même pour les oreilles ! Vous pouvez facilement trouver sur Internet des planches de médecine chinoise avec les points importants.*

Les Invisibles

Ou comment pratiquer incognito

L'œuf

Protection rapprochée !

Imaginez, visualisez que vous êtes au cœur d'un bel œuf. Dans votre œuf, vous êtes protégé de l'extérieur, des énergies négatives ; vous pouvez voir votre œuf tapissé d'or, de lumière, d'une couleur que vous aimez. La coquille extérieure renvoie les énergies négatives. Dedans, vous respirez pleinement.

Astuce en plus : *si vous n'aimez pas les œufs, remplacez l'œuf par une belle bulle irisée !*

Petits bonheurs & Cie

Rêve ta vie... et vis tes rêves !

Afin de mettre à profit les temps d'attente, penser à ce qui vous rend heureux, ce que vous aimez faire, ce qui vous motive ; et pourquoi pas ce que vous aimeriez faire, ce dont vous rêvez. Et respirez tout cela pleinement avec un grand sourire.

Vous constaterez rapidement que l'énergie change en vous et autour de vous !

Astuce en plus : *évitez les injonctions négatives du mental qui vous font dire « mais non, ce n'est pas possible »... et si tout était possible ?! Faites comme si c'était déjà là.*

Points clés

Bus, métro, tramway...

Pas facile d'avoir une place assise parfois.

Occupez ce temps debout, les pieds avec un écartement stable pour vous. Déverrouillez vos points clés : mâchoires, épaules, fessiers. Fléchissez légèrement les genoux ; si vous le souhaitez, relâchez un peu plus vos épaules et les fessiers à chaque temps d'expire.

Astuce en plus : *si vous avez encore du temps (aaah ! les impondérables des transports !) Vous pouvez continuer cette discipline en prenant un peu plus conscience de vos pieds, de vos orteils, de la plante en contact avec les chaussettes, les chaussures, le sol... Imaginez-vous comme un bel arbre, dans la forêt, avec de belles racines qui poussent à chaque expiration longue, vous rendant encore plus stable.*

Trajet de l'air

Un doux parfum.

Portez l'attention particulièrement sur le trajet de l'air qui circule dans l'inspiration et l'expiration. Sentez cette circulation au niveau des narines, puis jusque dans vos poumons, sentez la mobilité des côtes et de votre diaphragme. Pourquoi pas dans d'autres parties du corps comme les épaules, le dos, la colonne pour ne citer qu'elles ! Puis imaginez que cet air qui circule est une belle senteur qui vous remplit de plus en plus, de plus en plus profondément.

Astuce en plus : *les senteurs liées à la nature sont particulièrement recommandées et apaisantes.*

De bas en haut

Comme l'exercice précédent, vous pouvez dans n'importe quelle circonstance pratiquer les respirations qui suivent. Seule exception :

en conduisant. Par contre, vous pouvez tout à fait l'utiliser si vous êtes coincé dans les embouteillages.

Faites partir l'inspire des pieds et laissez-vous inspirer en remontant jusqu'à votre tête. Laissez l'expire redescendre jusqu'aux pieds, tranquillement à votre rythme. Autant de fois que vous le souhaitez.

Astuce en plus : *associez au temps de l'inspiration un mot de calme, ou dynamisant, une couleur, des images comme des paillettes, de la poussière d'étoiles et laissez-vous vous en imprégner profondément dans l'expiration... Soyez généreux et créatif !*

Les Oxygénants

Ou comment redonner de l'amplitude au corps

À l'origine, il y a le souffle...

Air pur

Notre corps à besoin de respirer...

Reprenez cet exercice de suivre le trajet de l'air qui entre et sort. (Les Invisibles « trajet de l'air »). Plutôt qu'une belle senteur, imaginez inspirer de l'air pur, très pur qui remplit vos poumons, oxygène votre système sanguin, vos muscles, vos os, vos cellules et les espaces entre vos cellules.

Astuce en plus : *faites le plus souvent des respirations conscientes (c'est-à-dire porter l'attention dessus et sentir l'agréable qu'elles vous procurent).*

C'est une clé de santé et vous trouverez dans ce livre plusieurs techniques respiratoires afin de trouver celle qui vous procure le plus de sensations agréables.

Stop… respirez !

... Et souvent nous ne respirons qu'à moitié.

Parfois à force de courir dans tous les sens, nous bloquons la respiration.

Arrêtez-vous une minute, une demie si vous n'avez pas le temps ! et vivez au moins trois respirations bien amples.

Astuce en plus : *portez l'attention sur les effets immédiats et faites venir une belle couleur, une belle image, un mot de calme si vous le désirez... c'est également une bonne technique pour arrêter le flot des pensées.*

Fabuleux bâillements

Et oui encore eux !

Alors que nous avons appris à cacher ou réprimer nos bâillements, ils sont aussi une fabuleuse source d'oxygénation du corps.

Donc bâillez le plus souvent possible et aussi grand que vous le pouvez, bouche grande ouverte et les yeux si possible écarquillés. Je vous assure, le ridicule ne tue pas !!

Astuce en plus : *si vous avez des difficultés à les faire venir spontanément, essayez ceci : ouvrez grand la bouche en inspirant et en maintenant la bouche ouverte le plus longtemps possible. Séries de bâillements assurées !*

Mouvements de respiration

Capter et observer le mouvement de la vie en soi.

Posez-vous en position assise, allongée, debout bien ancré et observez que ça respire dans votre corps :

1. mouvements de respiration du ventre,
2. mouvement de respiration de la cage thoracique, y compris les épaules, les côtes,
3. mouvement de respiration du dos et plus subtil, de la colonne.

Astuce en plus : *avec les respirations du dos, vous pouvez imaginer que de belles et grandes ailes se déploient, vous donnant une sensation, un sentiment d'ampleur. Vous pouvez également partager cette technique avec des enfants.*

Respiration des côtes

Appelées aussi respirations diaphragmatiques.

Nous avons, logés derrière les côtes flottantes (celles qui sont en bas) un muscle très puissant qui a un rôle fondamental dans le bon fonctionnement de nos organes et du système digestif. Muscle épais comme une galette souple dans notre corps.

Dans votre quotidien, posez-vous quelques minutes et observez ce mouvement de respiration du diaphragme. Sentez-le s'abaisser sur le temps de l'inspire (comme s'il poussait sur les organes) et revenir en « banane » sous les côtes à l'expire. Il ne s'agit pas de forcer la respiration mais juste d'en observer le mouvement.

En vivant en conscience ces respirations, vous effectuez naturellement un véritable massage de la sphère digestive et de vos organes.

Astuce en plus : *vous pouvez varier cette technique en portant l'attention uniquement sur le mouvement des côtes flottantes, comme si dans l'inspire elles poussaient pour aller dire bonjour à l'intérieur de vos bras et revenant tranquillement à leur position initiale en expirant.*

Les Déstressants

Ou comment retrouver un équilibre

Tensions-détente

Le temps de l'expiration équilibre, apaise, permet d'évacuer.

Cet exercice se pratique assis ou allongé, debout avec un peu d'entraînement.

Prenez le temps de sentir tous vos points d'appuis avec l'endroit où vous êtes, ce qui vous permet de revenir à « l'ici et maintenant » assez rapidement.

Portez l'attention sur le maximum de surface de votre corps et laissez-vous inspirer tranquillement à votre mesure. Au bout de cette inspiration, mobilisez agréablement et progressivement :

- le visage,
- les poings,
- les fessiers,
- les orteils.

(Comme une agréable tension ou grimace du corps).

Prenez quelques secondes afin de vous rendre compte de cette mobilisation en surface et en profondeur dans votre corps ; puis soufflez, relâchez à l'expire... de plus en plus à chaque expiration.

Recommencez trois fois et évacuez un peu plus le stress, les tensions physiques ou psychiques à chaque expiration.

Astuce en plus : *si cela est possible pour vous, soufflez par la bouche en prolongeant ce temps afin de bien évacuer toute forme de tensions et retrouver une météo intérieure au beau fixe.*

Vous pouvez avant d'ouvrir vos yeux laisser venir à vous un mot de calme, un paysage qui vous inspire la sérénité... ou encore votre affirmation positive préférée.

Défocalisation pieds

Avant de faire cette technique, prenez le temps de réfléchir ou de sentir quel contexte serait le plus plaisant pour vos pieds : dans un lagon, dans le sable, sous le soleil, dans la rosée du matin... C'est parti !

Posez-vous et retrouvez « l'ici et maintenant », c'est-à-dire vos points d'appuis. Puis bougez vos orteils et prenez bien conscience de vos pieds, de chaque partie de vos pieds : la plante, le dessus, chacun de vos doigts de pieds.

Et pendant que vous respirez paisiblement en allongeant légèrement le souffle, visualisez, imaginez vos pieds dans ce contexte que vous avez choisi. Maintenez l'attention dans le souffle en bougeant régulièrement vos orteils. Prenez conscience du calme revenu et savourez les sensations de vos pieds, dans ce contexte, qui peuvent être bien réelles !

Astuce en plus : *cette technique peut être utilisée avec de l'entraînement dans les transports, chez le dentiste (celui que nous aimons tous !) et en cas de douleurs, d'anxiété.*

Bâillements

Toujours et encore !

Même technique que pour les bâillements précédents (voir « Les Nocturnes » : « inspirez... bâillez »). Vous allez en plus après l'inspire, sur le temps de l'expire, rugir le plus fort possible (ou faire le plus de bruit possible) en imaginant que vous évacuer hors de votre corps le stress, ce qui vous agace.

Autant de fois que vous le souhaitez !

Astuce en plus : *faites cet exercice avec vos enfants en imaginant que vous êtes des lions. Succès garanti !*

Je lâche prise

Essayez ceci : dans l'inspiration, répétez mentalement « je lâche » et dans l'expiration, répétez mentalement « prise » en expirant doucement par la bouche.

Une dizaine de fois.

Astuce en plus : *il est possible d'associer « je lâche » à un étirement et « prise » au relâchement corporel.*

Ballons

Prenez le temps de vous installer au calme, confortablement et de retrouver vos points d'appuis, sentir que ça respire en vous.

Imaginez des ballons que vous tenez par une ficelle. Mettez dans chacun de vos ballons un souci, un tracas, une pensée négative...

Puis laissez partir les ballons un à un ; laissez-les s'envoler dans un beau ciel bleu et regardez-les disparaître au loin.

Prenez le temps de savourer ce ciel limpide, ce beau soleil qui vous réchauffe doucement.

Sentez votre corps qui respire pleinement...

Astuce en plus : *soyez créatif et laissez venir à vous des ballons colorés, de beaux ballons de différentes tailles.*

Les + beauté

« La beauté sauvera le monde. »
Dostoïevski

« La vie elle-même est une toile vide.
Elle devient ce que vous peignez dessus.
Vous pouvez peindre la misère ou vous pouvez peindre la joie. Cette liberté est votre splendeur. »
Osho

Notre corps est comme notre planète, rempli de beaux paysages et de belles régions...

Prenez soin de lui afin que votre âme ait envie d'y rester le plus longtemps.

Le Nord

Ou comment s'embellir et rayonner

Cheveux au top

Nos grands-mères préconisaient les 100 coups de brosse quotidiens.

Commencez par masser tout votre cuir chevelu par des frictions, des tapotements, des massages en forme de griffes avec vos ongles, afin de l'oxygéner. Sentez, observez déjà une forme de détente qui s'installe.

Puis imaginez que circule de la racine de vos cheveux et jusqu'au bout, toute cette énergie de détente, remplissant vos cheveux de force et de vitalité.

Astuce en plus : *laissez circuler dans vos cheveux, de la racine jusqu'au bout, une couleur que vous aimez, de la lumière, ce qui vous semble nourrissant, comme un baume pour eux.*

Regard pétillant

Utile devant l'ordinateur et pour améliorer la vue.

Massez vos deux mains l'une contre l'autre jusqu'à sentir la chaleur et l'énergie. Appliquer ensuite la paume des mains sur vos yeux de façon à faire le noir complet et que le bout de vos doigts soit placé croisé, au niveau du front.

Sentez la chaleur qui se diffuse dans vos yeux et laissez vos paupières se relâcher entièrement, comme s'étaler vers les tempes. À chaque expiration, laissez les signes de fatigue et les petites rides dues aux tensions s'estomper, disparaître.

Recommencez trois fois. Chaque série de trois autant de fois que vous le souhaitez dans la journée.

Astuce en plus : *vous pouvez associer à cette technique qui s'appelle le* palming, *quelques mouvements des yeux (signe de l'infini, de gauche à droite et de droite à gauche...) afin de détendre entièrement le nerf optique, vos yeux, vos paupières à la suite de ces mouvements. Relâchez un peu plus à chaque expire.*

Visage rayonnant

La détente et l'oxygénation du visage ont un effet immédiat sur nos cellules.

Posez-vous et installez-vous le plus confortablement possible (chaise, canapé, posture debout) en relâchant le maximum de tensions.

Observez quelques secondes l'air qui circule naturellement dans vos narines. Relâchez un peu plus les mâchoires en desserrant les dents au maximum. Observez la détente qui s'installe immédiatement quand vous déverrouillez vos dents.

Sentez, imaginez que l'air qui circule au niveau de vos narines est comme un air pur, limpide, qui oxygène en surface et en profondeur, votre peau et vos cellules.

Un peu plus à chaque respiration...

Astuce en plus : *vous avez la possibilité d'imaginer que cet air pur est délicatement coloré, pailleté, rempli de particules dorées, argentées... Là encore, laissez libre cours à votre imagination !*

Grâce et élégance

Un port de reine.

En position assise ou debout, faites le plus lentement possible et en respiration libre, des mouvements très délicats de la tête. Commencez par laisser aller votre tête vers la gauche puis la droite, plusieurs fois en portant l'attention pleinement sur le mouvement en train de se faire au niveau de la nuque et de la partie du cou qui s'étire.

Revenez au centre et observez la posture de votre tête, vos sensations.

Puis continuez, toujours le plus lentement possible et en respiration libre, en basculant votre tête vers l'avant, puis vers l'arrière, plusieurs fois. Revenez au centre et observez vos sensations, laissez aller vos épaules vers la terre.

Astuce en plus : *faites des mouvements en circulaire pour varier les plaisirs et n'oubliez pas que le secret du port de Reine réside dans l'extrême lenteur du mouvement. De plus, cet exercice améliore la circulation au niveau de la colonne cervicale et débloque les micros tensions de la nuque.*

Automassages

Souplesse et élasticité à la clé !

Rien de tel pour détendre et tonifier le visage que les massages. Au préalable, réchauffez la paume de vos mains et vos doigts. Commencez par masser tout le tour de vos oreilles, continuer par le cuir chevelu. Puis passez au front en l'étirant avec vos doigts vers les tempes. Pincez délicatement vos sourcils et faites des pressions légères sur tout le pourtour de l'œil et descendez jusqu'aux ailes du nez. Comme vous l'avez fait pour le front, étirez délicatement vos joues vers les oreilles, faites des pressions délicates tout autour de la bouche. Finissez par des pincements de tout l'ovale de votre visage, du menton vers les oreilles et vivez de belles respirations amples.

Astuce en plus : *vous pouvez rapidement faire ces automassages avec votre crème le matin ou le soir en commençant par chauffer la crème dans vos mains. Mettez une intention de douceur, de beauté, de lumière dans vos gestes ; double effet garanti !*

Le Centre

Ou comment prendre soin de son énergie vitale

Dos souple et délié

Soyons doux avec notre dos qui porte beaucoup…

Tout simplement en portant l'attention sur votre dos et vos points d'appuis si vous êtes adossé à une chaise ou allongé sur un lit (peut-être une plage...) et en imaginant qu'à chaque expiration que vous vivez en conscience, votre dos se relâche profondément, de plus en plus profondément ; comme un souffle de détente qui se diffuse petit à petit jusqu'en bas du dos. Autant de temps que vous le souhaitez.

Astuce en plus : *trouvez les images ou couleurs qui vous font du bien et qui amplifieront la détente de cette région ; et si vous avez du mal à être présent à votre dos, prenez quelques secondes pour frictionner la charnière lombaire afin d'éveiller les sensations qui facilitent la concentration.*

Respiration de la colonne vertébrale

Un axe bien vivant !

Faisant partie de notre dos, nous sommes peu conscient de notre colonne vertébrale, sauf quand elle nous fait souffrir.

Redonnez-lui de l'énergie en imaginant qu'elle respire subtilement et doucement (rappelez-vous : la pensée est créatrice), comme si dans l'inspire, elle grandissait légèrement et revenait à l'expire. Si cette idée vous est difficile, pensez à un élastique.

Astuce en plus : *couleurs et images (dedans, autour, entre les vertèbres) sont également efficaces pour votre colonne.*

Cœur en fête

Faites de votre cœur un lieu de respirations.

Portez l'attention sur la région du cœur ou sur son image, en ayant pris le temps de vous installer confortablement debout ou en bord de chaise et de retrouver votre espace intérieur. Observez l'inspire qui vous permet d'ouvrir toute votre cage thoracique et l'expire qui vous relâche de plus en plus profondément.

Imaginez maintenant que votre cœur respire de la même manière et associez l'ouverture des bras quand vous inspirez. Revenez sur le temps de l'expiration, posez vos mains au niveau de votre cœur.

Astuce en plus : *visualisez une belle couleur orangée pour votre cœur (ou une de votre choix) la laissant à chaque inspiration grandir jusqu'à dépasser la limite de vos doigts. Souriez, l'Univers vous contemple le cœur en fête !*

Plexus solaire

Zone sensible !

Massez vos deux mains l'une contre l'autre jusqu'à sentir la chaleur ou l'énergie éveillée. Vivez quelques belles respirations bien amples. Quand c'est suffisant pour vous, masser la zone du plexus solaire délicatement dans le sens des aiguilles d'une montre. Laissez la chaleur s'installer et comme un soleil, laissez-la rayonner vers le ventre, le cœur, les côtes, la colonne.

Astuce en plus : *vous pouvez réellement visualiser un beau soleil au niveau du plexus.*

Joli ventre

Cet exercice tonifie les abdos et dynamise le système digestif.

Installez-vous sur le dos le plus à plat possible, genoux pliés, la plante des pieds serrée bien en contact avec le sol.

Laissez-vous le temps de retrouver le mouvement paisible de votre respiration et de déposer l'arrière de votre tête et tout votre dos.

Commencez par des séries de cinq respirations : Le plus doucement possible, inspirez en gonflant le ventre au maximum, puis expirez en soufflant par la bouche comme dans une paille et en rentrant le ventre le plus possible. Imaginez que votre nombril va faire un bisou à votre colonne vertébrale... Laissez l'inspiration se faire en gonflant le ventre et ainsi de suite.

Faites une pause entre chaque série de cinq, en observant les sensations agréables que procure cette façon de respirer.

Augmentez si vous le souhaitez petit à petit en nombre et en séries mais toujours très doucement, semaine après semaine.

Astuce en plus : *ne pas faire cet exercice appelé également « abdos respi » juste après les repas et pendant la digestion.*

Les temps de pause entre chaque série peuvent être aussi longs que vous le désirez ; il est possible à la fin des séries de vous concentrer sur la sensation de chaleur du ventre et de la laisser se diffuser profondément à vos organes, d'imaginer une couleur, un soleil...

Le Sud

Ou comment être plus ancré dans sa vie

Pieds détendus

Simple et bénéfique.

Prenez la plus belle et la plus douce de vos crèmes ou de vos huiles et installé(e) confortablement, massez toute la plante de vos pieds, sans oublier talons et orteils.

Insistez sur la plante à l'aide de vos pouces afin de bien libérer toutes les tensions.

Astuce en plus : *vous trouverez sur Internet ou dans certains livres une cartographie de la plante des pieds avec les zones du corps représentées. Masser ses pieds devient alors bien plus qu'un massage ! Il existe la même chose pour la paume des mains… Ce qui est plus facile à pratiquer en dehors de chez soi !*

Bonne circulation

Conseillé particulièrement pour les stations assises prolongées et en avion.

En position assise ou allongée, comme avant de commencer chaque exercice, vivez de belles respirations amples et profondes. Puis concentrer votre attention sur vos pieds et faites quelques séries de flexion-extension afin de relancer la pompe veineuse. Finissez par quelques mouvements de rotation des chevilles puis revenez à votre respiration pendant quelques minutes.

Astuce en plus : *associez massage de la plante et cet exercice afin d'en doubler l'efficacité.*

Jambes légères

Des bulles légères... Légères...

C'est une visualisation ou vous imaginez de toutes petites bulles circuler joyeusement dans votre système veineux ou plus simplement dans vos jambes.

Astuce en plus : *remplacez les bulles par de l'eau fraîche, une source jaillissante...*

Grande stabilité

Les pieds sur terre.

Debout, commencez par frotter vos pieds au sol (comme sur un paillasson). Essayez sans chaussures pour le maximum de sensations. Puis quand c'est suffisant pour vous, retrouvez la posture debout sans tensions (relâchez vos points clés) et portez l'attention sur la plante en contact avec le sol. Respirez et laissez la plante de vos pieds comme s'étaler, se fondre dans la terre, un peu plus à chaque expire. Ressentez tout votre corps détendu, le bas du corps dans tout son ancrage et sa stabilité.

Astuce en plus : *prolongez l'exercice en imaginant que de la plante de vos pieds poussent de belles racines, plongeant dans la terre. Laissez-vous sentir leur texture, couleur, énergie ; et si le cœur vous en dit, laissez vos racines plonger et se ressourcer dans le cœur sacré de la terre.*

Énergie de la terre

Commencez comme l'exercice précédent en frottant vos pieds au sol puis en vous posant debout sans tensions, la plante de vos pieds s'étalant dans le souffle. Retrouvez vos belles racines plongeant dans le cœur de la terre.

Maintenant que vous les sentez, vous allez mettre de la respiration, comme un souffle de vie dans vos racines. Sentez comme elles respirent et suivent le mouvement de votre inspire et de votre expire.

Petit à petit, rentrez dans l'idée que votre inspire prend sa source dans vos racines, au cœur de la terre, et remonte doucement dans votre corps.

Doucement dans l'expiration, plongez de nouveau dans la terre, dans vos racines...

Astuce en plus : *c'est une belle technique, faites-la avec toute votre délicatesse et tout votre Amour... pour vous et la Terre.*

L'Est et l'Ouest

Ou comment être dans la fluidité avec ses bras, ses épaules

Petites Rotations

Dans tous les sens !

En posture debout, points clés relâchés, ou posture assise en bord de chaise, le dos sans tensions. Prenez conscience de vos points d'appuis et commencez par faire tourner délicatement vos épaules vers l'avant, puis vers l'arrière, en étant attentif au mouvement que vous êtes en train de vivre. Faites plusieurs séries avec vos épaules en prenant le temps de bien les relâcher entre chaque. De la même manière, faites tourner vos poignets en relâchant bien vos doigts.

Astuce en plus : *dans ce genre d'exercice, vous avez la possibilité de mettre toute votre attention, ou votre conscience, à l'intérieur et d'accompagner le mouvement de rotation, comme si vous étiez ce mouvement.*

Massage des articulations

Prendre soin de ses articulations car elles permettent le mouvement.

C'est tout simple mais c'est bon pour la santé ! Massez régulièrement vos épaules (par exemple en mettant votre crème corporelle préférée), puis l'articulation de vos coudes, des poignets et de chacun de vos doigts, avec une intention de douceur, délicatesse, d'amour dans vos massages.

Astuce en plus : *quand vous vous relaxez, amenez votre conscience sur chacune de vos articulations ; mettez-y vos images préférées : couleurs, paillettes, poussières d'étoiles, nectar... Dedans, autour ; enrobez-les de douceur et d'amour.*

Fleur et pétales

Grâce, légèreté et délicatesse des fleurs.

Choisissez une fleur que vous aimez ou laissez-la venir spontanément. La région de votre cœur sera le cœur de la fleur et vos bras de beaux pétales. Respirez avec votre fleur et poursuivez en imaginant que dans l'inspiration, vous ouvrez grand vos pétales et que sur l'expiration, ils reviennent toucher le cœur de votre fleur.

***Astuce en plus :** faites le mouvement de façon réelle ou imaginaire avec vos bras. Utilisez vos cinq sens pour capter toute la délicatesse de votre fleur : ses couleurs, sa texture, ses senteurs, son contact...*

Relâchement de l'intérieur

Baisser la garde !

Prendre conscience que les épaules sont souvent tendues, en position haute. Pour cela, fixer votre attention dans vos épaules. Observez leur posture. Puis vivez de belles respirations en ramenant vos épaules vers l'arrière. Savourez l'ouverture. Dans un deuxième temps et à chaque expiration, laissez-les descendre autant que possible et observez la détente de la nuque, des bras, des mains... Peut-être dans d'autres parties de votre corps.

***Astuce en plus :** associez votre courant de détente à cet exercice ; comme beaucoup d'autres, il peut être pratiqué dans les transports, au travail, et bien sûr assis, debout ou allongé.*

Ciel et terre

À faire très lentement...

... et au rythme de votre respiration.

Debout, en prenant le temps de trouver votre équilibre et un rythme de respirations paisibles. Vous associez l'inspire et vos bras qui se lèvent paumes vers le ciel ; l'expire avec vos bras qui descendent doucement paumes vers la terre, ainsi de suite.

Astuce en plus : *vous pouvez vivre cet exercice avec une autre intention. Par exemple en portant l'attention sur le mouvement de l'énergie vers le haut dans l'inspiration et le mouvement de l'énergie vers le bas dans l'expiration. Ce mouvement d'énergie peut également vous traverser.*

Le top 5

« Le bonheur on ne le trouve pas, on le fait.
Le bonheur ne dépend pas de ce qui nous manque
mais de la façon dont nous nous servons
de ce que nous possédons. »

Arnaud Desjardins

Les Dynamisants

Ou comment retrouver la pêche

Toilette énergétique

Une base pour récupérer de l'énergie.

Installez-vous confortablement debout ou assis. Vivez quelques belles respirations afin de vous aider à couper avec l'extérieur et revenir à votre corps. Commencez par frotter vos mains l'une contre l'autre pour les dynamiser et en activer l'énergie recherchée. Ainsi, avec vos deux mains et le geste adapté (frictions, tapotements, pressions), vous allez pouvoir réveiller vos sensations corporelles et ainsi vous sentir plus présent, plus vivant et récupérer de l'énergie. Une fois cette dynamisation faite jusqu'aux pieds, prenez le temps de décrire vos sensations et de les transformer en énergie disponible (votre carburant !) en vous aidant d'un mot, d'une force, d'une image.

Astuce en plus : *technique simple que vous pouvez proposer aux enfants et qui leur permet de mieux prendre conscience de leur schéma corporel.*

Elle est dans cette rubrique proposée de façon globale ; vous la retrouverez dans le chapitre « Les top chrono » en version plus complète.

Massage mains-pieds

Rien de tel pour faire une pause ou après une grosse journée.

La médecine chinoise nous dit que toutes les zones et organes importants du corps sont situés sur la plante des pieds et la paume des mains. Automassages simples qui permettent de libérer les tensions tout en stimulant les différentes parties du corps. C'est aussi en relâchant les tensions que vous pouvez récupérer de l'énergie.

Astuce en plus : *si vous avez une bonne crème nourrissante à votre disposition profitez-en pour nourrir votre peau, tout en vous offrant un temps de dynamisation encore plus agréable. La stimulation de la paume des mains peut être faite partout où vous vous trouvez. Voir aussi « Les + beauté, rubrique », « Le Sud : pieds détendus » et « Les complices du quotidien » ; rubrique « Les Express : astuce en plus du massage global de tout le corps ».*

Dynamisation corporelle

Une variante de la toilette énergétique.

Elle se nomme également « douche sèche ». Se pratique debout, bien ancré sur vos deux pieds, vos points clés relâchés vous permettant de vous rendre disponible à l'exercice. Quand vous êtes à l'écoute de votre corps et de votre respiration, en rythme, comme une musique, stimulez avec le plat de la main :

1. Votre cuir chevelu.
2. Vos bras.
3. Votre buste.
4. Vos jambes.

Quand vous êtes arrivé aux chevilles et sur le dessus des pieds, revenez à votre posture en déroulant la colonne doucement. Laissez descendre vos épaules. De belles respirations vous permettront de revenir à votre stabilité, sans tensions. Écoutez maintenant vos sensations, la vibration ou la résonance du corps. Prenez le temps de savourer.

***Astuce en plus :** avant d'ouvrir vos yeux et de continuer vos activités, respirez pleinement, choisissez un mot, une belle image... Qualité, force, tout ce qui représente pour vous de façon réelle ou symbolique la notion de dynamisation. Toute cette énergie mobilisée va vous accompagner dans les heures à venir !*

Jacobson

Technique qui porte le nom de son fondateur.

Comme la toilette énergétique, vous retrouverez la version complète dans le chapitre « Les top chrono ».

Se pratique allongé, sur une chaise ou debout. Observez pendant quelques instants votre corps dans sa globalité et le mouvement de votre respiration. Lorsque vous le souhaitez, au bout d'une inspiration mobilisez agréablement et en même temps :

- les muscles du visage,
- les mains, les doigts,
- les muscles fessiers et les muscles du périnée,
- les orteils.

Tout en maintenant, prenez conscience de la mobilisation en surface et en profondeur, puis soufflez, expirez autant de fois que vous le souhaitez afin de bien relâcher les parties du corps mobilisées, évacuer les tensions si le besoin s'en fait sentir.

À faire trois fois tranquillement, à votre rythme. Prenez conscience de votre nouvelle disponibilité ; image, qualité, ou affirmation positive vous permettront de continuer votre journée dans une autre énergie !

Astuce en plus : *exercice proposé fréquemment en entreprise car rapide et permettant soit de se dynamiser, soit d'évacuer rapidement un stress ou de se recentrer avant un moment important par le retour au corps qu'il procure.*

Grandes rotations

Laissez-vous porter !

Cet exercice se fait uniquement debout, en prenant le temps de sentir tous vos points d'appuis des pieds au sol : chaussettes, chaussures, parquet, moquette, la terre... Et si vous êtes nus pieds dans la nature c'est parfait !

En respiration libre, vous allez laisser vos bras vous entraîner dans un mouvement de rotation de tout votre corps (en gardant bien les pieds ancrés). Sentez tout votre corps dans ce mouvement agréable. Temps de pratique indéfini... !

Astuce en plus : *prenez bien soin de laisser vos bras entièrement souples et sentez-vous libre de donner de l'amplitude à leur mouvement de rotation.*

Quand je le fais, j'éprouve un grand sentiment de liberté, essayez !

Les Amis-calmants

Ou comment se recentrer

Détente en trois expires

Pratique et en toutes circonstances.

Imaginez que vous divisez votre corps en trois parties.

Partie 1 : tête et épaules, bras

Partie 2 : buste et fessiers

Partie 3 : jambes et pieds

Une expiration prolongée va relâcher la partie 1, puis une autre va relâcher la partie 2 après avoir inspiré tranquillement, puis une autre expiration pour la partie 3.

Recommencez autant de fois que vous le souhaitez.

Astuce en plus : *vous pouvez choisir de faire plusieurs expirations pour la partie 1 avant de passer à la 2 ; plusieurs expirations pour la partie 2 avant de passer à la 3.*

Plus vous allez répéter cet outil de détente plus vous allez créer un automatisme au niveau du corps et ainsi pouvoir l'utiliser facilement.

Points d'appuis et respirations

Système parasympathique.

Se pratique en posture allongée. De l'arrière de la tête jusqu'aux talons, sentez chaque partie de votre corps en contact avec l'endroit où vous êtes installé. Sentez également le contact avec l'air que vous respirez. Revenez au point d'appui situé à l'arrière de la tête et à l'expire, laissez-la se déposer un peu plus (un peu comme si votre tête s'enfonçait moelleusement dans l'oreiller). Faites de même pour tous les points d'appuis de votre corps. Recommencez autant de fois que vous le souhaitez en savourant le relâchement physique et mental.

***Astuce en plus :** une fois la technique acquise en posture allongée, vous pourrez facilement la vivre en posture assise dans le cadre de votre travail ou dans les transports en commun.*

Mot de calme

Pour gagner en sérénité.

Voici quelques suggestions pour choisir votre mot de calme : paisible, serein, détendu, équilibre, relâché, tranquille, calme, bien sûr... Mais encore : disponible, confiant, posé, douceur, accueil... Et les vôtres seront les meilleurs !

Une fois confortablement installé, utilisez chaque temps d'expiration en nommant mentalement votre mot de calme pour le diffuser à l'intérieur de tout votre corps.

Autant de temps que vous le souhaitez pour cet exercice.

Astuce en plus : *ne vous limitez pas dans la créativité pour votre mot de calme. Tant qu'il évoque pour vous une notion d'apaisement, il sera parfait.*

Souffle de détente

Une autre technique qui peut devenir un automatisme.

Sur le même principe de diffusion, imaginez que chaque expiration, comme un souffle de détente à l'intérieur, relâche profondément votre corps de la tête aux pieds.

Astuce en plus : *vous pouvez mettre une intention sur votre souffle de détente pour varier la technique en imaginant que celui-ci régénère votre peau, vos muscles, vos os, vos cellules ou choisir de colorer, illuminer votre souffle.*

Geste réflexe

Utilisable où que vous soyez.

Pour celui-ci vous devez pratiquer, au choix, un des deux exercices précédents et en obtenir à la fin des sensations très agréables de détente physique et (ou) d'apaisement du mental. Lorsque ce niveau de détente est atteint, joignez à chaque fin de séance le pouce et l'index. Ceci est votre geste réflexe que vous pourrez reproduire dans votre quotidien afin de retrouver cet état d'apaisement.

> ***Astuce en plus :*** *quand vous installez ce geste réflexe à chaque fin de séance, vous pouvez l'associer à une affirmation positive de votre choix : par exemple « je suis parfaitement calme », « je suis profondément serein ».*

Les Positifs

Ou comment voir la vie en rose

Fou rire

Libérez vos hormones du bonheur.

Se pratique à tout moment. Fermez vos yeux et replongez-vous dans un de vos plus beaux fous rires. Voyez-vous en train de rire avec tout le bonheur que cela vous procure de le revivre. Laissez-vous sourire... Laissez tout votre corps profiter de ce fou rire ! Puis laissez les images s'estomper et respirez pleinement cette belle énergie retrouvée en vous.

Astuce en plus : *faites un stock de fous rires, rires, vos plus beaux moments de bonheurs ou tout simplement vos petits bonheurs du quotidien, afin de pouvoir les retrouver en fermant vos yeux et les respirer pour vous redonner de l'énergie. Pensez à construire cette malle à bonheurs quand vous faites la queue pour attendre votre tour ; cela vous évitera de chercher votre souvenir au moment où vous voulez pratiquer.*

Affirmation positive

Méthode Coué

De son petit nom Émile, il est le père de la pensée positive. Il nous livre une méthode simple et efficace dont peu de gens en connaissent l'impact, la force et les conséquences positives sur leur vie.

Croyez en vous et pratiquez l'autosuggestion en vous répétant mentalement ou à haute voix des affirmations positives de votre choix en les disant lentement. Elles doivent commencer par « je suis… »

Astuce en plus : *prenez le temps de bien respirer en même temps et de ressentir, si possible, cette affirmation imprégner votre corps ou une partie de votre corps.*

Réussite

Éveiller la confiance en soi.

Retrouvez les moments de votre vie où vous avez réussi quelque chose. Voyez-vous dans ce moment de réussite avec toutes les sensations et sentiments agréables que cela vous procure. Respirez pleinement comme si c'était ici et maintenant.

Astuce en plus : *pas besoin de grandes réussites ! Pensez tout simplement à un repas que vous avez organisé, un cadeau ou un moment privilégié que vous vous êtes offert, un moment où vous avez pu vous exprimer de façon bienveillante et respectueuse… Mais aussi un examen réussi, une activité que vous avez menée à terme. La liste peut être longue !*

Mes qualités

Se déployer.

Choisissez une qualité que vous aimeriez améliorer. Dans un moment calme pour vous, fermez les yeux et voyez-vous avec cette qualité dans une situation où vous en avez besoin, réelle ou imaginaire. Respirez pleinement cette situation, ou plutôt vous dans cette situation avec cette qualité. Soyez heureux de ce petit plus activé.

Astuce en plus : *s'il vous est difficile dans un premier temps de vous visualiser, commencez par les affirmations positives d'Émile… Coué bien sûr !*

« Je suis confiant(e) ; je suis bienveillant(e) ; je suis à l'écoute des autres »…

Stop aux ruminations

La chasse aux parasites.

S'il était possible d'arrêter le flux incessant de nos pensées négatives, de nos ruminations, que de calme et d'énergie retrouvés, de relations paisibles à la clé !

Voici une petite technique afin de commencer la chasse aux parasites destructeurs.

À chaque fois que vous vous surprenez en train de ruminer, de ressasser des pensées négatives, vivez deux ou trois belles respirations puis laissez venir une belle image : fleur, arbre, soleil, paysage... Il s'agit de remplacer le négatif par le positif afin que ce dernier prenne de plus en plus de place dans votre tête et votre cœur.

Astuce en plus : *c'est une petite technique, mais grande par ces effets. Faites-la à chaque fois que vous faites « le ruminant » ou que vous ressassez vos pensées négatives.*

Les Équilibrants

Ou comment se stabiliser

Lieu des émotions

Permettre à l'énergie émotionnelle de circuler.

Nous faisons tous l'expérience corporelle de nos émotions : le souffle coupé, les jambes sciées, le mal au ventre, le cœur qui bat plus vite... Il en est de même pour nos émotions agréables mais nous en avons moins conscience. Quand vous vivez quelque chose qui vous est agréable, cela génère une énergie émotionnelle. Portez l'attention sur la zone de votre corps touchée par l'émotion positive. Reconnaissez-la, accueillez-la avec plaisir et comme elle est agréable, vous pouvez sans crainte la respirer pleinement. Prenez conscience de la nouvelle énergie qui vous habite.

Astuce en plus : *observez à quel point les émotions positives ressenties en conscience provoquent des sourires spontanés. Laissez-vous sourire, laissez votre cœur et votre corps sourire.*

Défocalisation pieds

Utile en cas de débordement.

Que faire quand une émotion est trop forte et que les sensations corporelles suivent le mouvement ?

Entraînez-vous dans des moments calmes à concentrer votre attention sur vos pieds en bougeant vos orteils. Quand vous êtes suffisamment dans la sensation et présent à vos pieds, laissez venir un contexte agréable : vos pieds dans le sable, dans un lagon, dans l'eau, sous le soleil... prenez le temps jusqu'à obtenir les sensations de vos pieds dans ce contexte tout en respirant paisiblement.

Vous pourrez ainsi après un moment de trouble vous poser et bouger vos orteils afin de retrouver votre contexte agréable et revenir à l'équilibre émotionnel.

Astuce en plus : *allongez légèrement le temps expiratoire pour plus d'efficacité. Voir aussi « Le top 5, rubrique Les Équilibrants / Défocalisation pieds ».*

Paysage préféré

Réel ou imaginaire.

Lac, montagne, mer d'huile, île au milieu d'un lagon, forêt, champ de fleurs, grand ciel bleu... Tout est bon ! Mentalement, laissez venir votre paysage et respirez. Savourez et remerciez pour le calme et l'équilibre revenus. Vous pouvez avant de retourner à vos occupations, répéter plusieurs fois votre mot de calme.

Astuce en plus : *votre paysage favori doit être de préférence un lieu où seule la nature est présente.*

Souffle d'équilibre

Lutter contre les émotions nous demande beaucoup... Les reconnaître et lâcher est une grande force.

Quand vous sentez que l'émotion en vous est trop forte, isolez-vous et asseyez-vous les pieds bien ancrés au sol. Petit à petit, allongez le temps de l'expiration et inspirez naturellement. Soyez pleinement dans cet expire, dans ce souffle qui vous traverse et laisse aller au fur et à mesure les excès. Continuez jusqu'à sentir le calme retrouvé.

Astuce en plus : *soyez heureux de ce que vous savez faire car c'est vous qui êtes aux commandes de votre navire.*

Mouvements des yeux

Remettre les hémisphères cérébraux en équilibre.

Dans un jardin, chez vous, au travail et en respiration libre ; les yeux ouverts ou fermés. Dessinez avec vos yeux le signe de l'infini trois ou quatre fois. Faites une pause puis recommencez quelques séries jusqu'à sentir l'apaisement.

Astuce en plus : *faites ces mouvements très délicatement et doucement pour ne pas tirer sur les nerfs optiques. Vous avez la possibilité en même temps de dire mentalement une affirmation comme « je suis très calme », « je suis serein(e) ». N'oubliez pas de respirer pendant les mouvements de vos yeux !*

Les Ressourçants

Ou comment voyager à moindres frais

Lieu ressource

Comme une bulle pour soi dans le quotidien.

Il s'agit de se créer un endroit, réel ou imaginaire, ou la nature, les couleurs, les senteurs, la température, l'air que vous respirez, ce avec quoi vous êtes en contact est parfait pour vous.

Prenez quelques instants pour vous installer et retrouver le contact avec vos points d'appuis et vos respirations. Voyez-vous dans ce lieu privilégié qui est le vôtre. Vous pouvez y danser, courir, rire, vous allonger, sentir, capter tout ce qui vous entoure, contempler ce lieu parfait pour vous. Respirez !

Astuce en plus : *vous pouvez tout à fait vous créer plusieurs lieux ressources et les choisir en fonction de vos besoins, ou en laisser un vous choisir spontanément.*

Arbre

De belles racines, un tronc bien fort, des branches déployées vers le haut.

Debout en respirations libres, relâchez vos points clés. Prenez contact avec la plante de vos pieds, imaginez la terre, sa texture et laissez dans le souffle se déployer de belles racines. Puis sentez votre stabilité au niveau des jambes, du bassin et de votre ventre. Respirez et relâchez bien vos épaules. Dans l'inspire, imaginez que vous avez de belles branches qui se déploient. Savourez ce bel arbre que vous êtes, toutes ses qualités qui vont vous accompagner dans les heures à venir.

Astuce en plus : *une fois que vous êtes familiarisé avec votre arbre, vous pouvez visualiser la sève qui y circule. Comme une belle énergie de vie qui prend sa source dans le bout des racines et circule jusqu'au bout des branches.*

Oui à l'air pur, non aux toxines

La respiration est l'un des plus beaux voyages qu'on ignore trop souvent.

Portez tout simplement l'attention sur le mouvement de l'inspire et de l'expire en vous. Laissez-vous le temps de sentir que ce mouvement en vous peut être très confortable. Après l'attention, mettez sur l'inspiration l'intention que vous respirez de l'air pur et qu'à l'expiration vous rejetez les toxines de votre corps.

Astuce en plus : *imaginez que vous rejetez les toxines dans le souffle vers les pieds et au-delà de vos pieds.*

Étirements hémicorps

Décrocher la lune !

Debout, bien stable sur vos pieds, étirez vers le haut un bras, vos doigts, comme si vous alliez toucher la lune, les étoiles. À l'expire, laissez votre bras descendre lentement le long du corps. Étirez puis relâchez de la même manière l'autre côté. Puis les deux bras en même temps, en portant l'attention dans l'inspire sur le dos, la colonne, les côtes qui s'étirent également. À l'expire, laissez descendre vos bras le long du corps en ramenant un cadeau de la lune, de la poussière d'étoiles...

Astuce en plus : *vous pouvez à la place de la lune, des étoiles, choisir le soleil, la Voie lactée...*

Visualisations

Laissez libre cours à votre liberté.

Visualisez-vous dans ce qui vous procure des sentiments de liberté, de joie, d'espace, d'amplitude, de béatitude, de mouvements fluides...

Voler comme un oiseau dans un grand ciel, nager dans une eau pure, faire du vélo, gravir une montagne et crier arrivé en haut, surfer en haut d'une vague, faire une belle descente en skis, se rouler dans les fleurs, dévaler une dune, se prendre pour une abeille qui butine ou un papillon, être un dauphin joueur, sauter dans les flaques d'eau, rire comme un enfant... et respirez pleinement !

***Astuce en plus :** surtout ne perdez pas patience avec ce genre d'exercice ; la clé étant de prendre conscience que ces petites visualisations vous procurent des sentiments et sensations bien réelles dans l'instant présent.*

Les top chrono

« Soyez votre propre lampe, votre île, votre refuge.
Ne voyez pas de refuge hors de vous-même. »

Bouddha

Les 3 minutes

Ou comment remédier aux urgences

Détente TGV

Rapide et efficace.

Il est possible en divisant votre corps en trois ou quatre parties de vous détendre, de relâcher la pression, d'évacuer le stress rapidement, avec un temps d'expire pour chacune. Se pratique assis, couché, debout.

Astuce en plus : *gardez bien votre attention sur chaque partie en expirant lentement.*

Respirez !

De l'oxygène !

La fatigue, le manque d'énergie, certaines formes de stress ou de tensions sont souvent dus à une respiration limitée, ou un manque d'amplitude et de conscience respiratoire.

Arrêtez-vous le plus souvent possible dans votre quotidien et respirez en conscience : quelques belles respirations amples ou tout simplement suivre le mouvement inspire/expire qui se fait en vous, suivre le trajet de l'air qui entre et qui sort…

Astuce en plus : *plus vous allez pratiquer les respirations conscientes, plus votre corps et votre esprit vous diront merci !*

Jacobson express

Retour à soi express.

Se pratique sur une chaise ou debout. Portez l'attention sur le maximum de surface de votre corps et sentez votre respiration. Au bout d'une inspiration, mobilisez agréablement (comme une légère tension ou une extension) tout votre corps.

Tout en maintenant, prenez conscience de la mobilisation en surface et en profondeur, puis soufflez, expirez autant de fois que vous le souhaitez afin de bien relâcher les parties du corps mobilisées, évacuez les tensions si le besoin s'en fait sentir.

À faire trois fois à votre rythme. Prenez conscience du nouveau en vous : détente, apaisement ou dynamisme, légèreté ou pesanteur…

Astuce en plus : *ajoutez une image, une qualité, ou une affirmation positive vous permet de continuer la journée dans une autre énergie. Voir aussi dans « Le Top 5 : Les Dynamisants/Jacobson ».*

Soleil ventre

Que la chaleur fait du bien…

En position allongée de préférence ou dans une assise confortable. Frottez vos mains l'une contre l'autre jusqu'à obtenir une sensation de chaleur, de picotements ou d'énergie. Posez vos mains à plat sur le ventre et imaginez que vous avez un beau soleil entre vos mains. Portez votre attention sur la chaleur qui se diffuse.

Astuce en plus : *avec votre respiration vous pouvez étendre la zone de chaleur.*

Belle senteur

Comme un baume pour le corps et l'esprit.

Laissez venir devant vos yeux fermés et vos paupières relâchées une fleur, par exemple, dont le parfum vous plaît particulièrement.

À chaque inspire, cette fleur vous remplit de son parfum délicat... De plus en plus à chaque inspiration. Savourez à chaque expiration.

Astuce en plus : *si cet exercice vous paraît difficile au départ, entraînez-vous avec les senteurs que vous captez et que vous aimez dans votre quotidien : l'odeur d'une orange, d'un fruit bien mûr, l'odeur de la nature après la pluie, les senteurs marines...*

Les 7 à 10 minutes

Ou comment s'accorder un petit temps pas trop contraignant

Toilette énergétique en trois parties

Stimuler son énergie de vie.

Asseyez-vous confortablement et commencez par activer vos deux mains l'une contre l'autre. Puis stimulez par des automassages le haut du corps jusqu'aux épaules. Prenez un temps d'observation de votre vivance corporelle à cet endroit. Puis continuez les automassages au niveau des bras et du buste, avec un temps de pause pour capter vos sensations, en vous attardant sur l'agréable éveillé. Finissez cette toilette énergétique par les jambes et les pieds. Afin d'unifier toutes ces sensations éveillées et d'être dans une globalité corporelle, finissez par un automassage de tout le corps.

Prenez soin en parallèle d'utiliser des mots ou images de calme, en insistant sur l'expiration.

***Astuce en plus :** selon l'instant et votre besoin, les automassages peuvent prendre la forme de tapotements, effleurements, lissages, frottements, pressions. Soyez créatif et surtout, variez les plaisirs.*

Détente debout

C'est possible !

Cette technique va vous permettre avec l'entraînement de vous détendre en posture debout, ce qui peut devenir très utile dans le quotidien.

Bien installé sur vos deux pieds, commencez par vous étirer ou faire un dépoussiérage de tout le corps. Expirez lentement et profondément à votre mesure.

Vous allez doucement et à chaque expiration relâcher tout votre corps, de la tête aux pieds. Système de détente qui relâche votre cuir chevelu, votre front, vos yeux et vos paupières, vos mâchoires ; puis vos épaules et vos bras de l'intérieur ; votre dos et votre ventre. Fléchissez légèrement les genoux pour détendre au maximum vos jambes et vos pieds.

Prenez conscience et savourez votre verticalité sans tensions. Ajoutez images, paysages, mot de calme ou de force... puis étirez-vous avant de retourner à vos occupations.

***Astuce en plus :** rester bien concentré sur chaque partie à détendre renforce l'efficacité.*

Cinq sens

Améliorer sa sensorialité.

Après un temps de mise en disponibilité (respirations et relâchement du corps ou de vos points clés), vous allez stimuler chaque sens, successivement, en portant l'attention à la fois sur la fonction de l'organe et les sensations que vous captez.

Derrière vos paupières fermées, prenez conscience que vous voyez et regardez ce que vous voyez.

Vous entendez avec vos oreilles et vous écoutez les sons proches, lointains, le silence…

Votre nez peut sentir et vous humer l'air, sa température, son trajet dans vos narines…

Goûtez et savourez le goût de la salive, imaginez une orange, un citron…

Touchez vos vêtements, les différentes textures, la peau… Sentez aussi l'air qui vous touche.

Entre chaque activation sensorielle, prenez un temps pour mieux en prendre conscience.

Astuce en plus : *vous pouvez vous aider, à chaque sens, de votre imagination. Par exemple, imaginer un paysage ou un objet pour la vue, une musique, un son pour l'ouïe, le parfum d'une fleur pour l'odorat, un agrume pour le goût (du chocolat ?!), etc.*

Détente simple

Détente Corps-Esprit.

Dans une assise confortable, vous allez porter votre attention, non plus à l'extérieur, mais à l'intérieur de vous-même. Et d'abord sur la respiration.

Observez comment ça respire en vous, l'air qui entre et qui sort, sa chaleur ou sa fraîcheur, le mouvement du diaphragme et des côtes. Vous respirez jusque dans le ventre, profondément.

Puis mettez en route le processus de relâchement, du haut vers le bas.

Relâchez le cuir chevelu, doucement à votre rythme, le front jusqu'aux tempes, les paupières que vous laissez comme s'étaler et vos yeux ; puis les joues à l'intérieur et à l'extérieur, toute la bouche, les mâchoires.

Appréciez la détente de votre visage et de votre tête.

Passez au relâchement des épaules et des bras, un peu plus à chaque expiration. Observez vos sensations de détente.

Portez l'attention maintenant sur votre dos et parcourez-le mentalement, en détendant doucement, à votre rythme les muscles. Laissez votre dos s'étaler.

Portez de nouveau l'attention sur la respiration, en allongeant peu à peu le temps expiratoire, jusque dans le ventre et le bas-ventre.

Prenez un temps afin d'observer les sensations de détente.

Enfin, parcourez mentalement vos deux jambes et relâchez-les jusqu'au bout des orteils. Appréciez l'unité de votre corps et de votre esprit parfaitement détendus, de l'intérieur.

Astuce en plus : *avec cette nouvelle disponibilité vécue dans la détente, vous pouvez laisser venir à la fin une belle image, un mot de calme ou une qualité.*

Éveil du corps et respirations

Une autre façon de se relâcher en étant actif.

Reprenez l'exercice qui consiste à dynamiser le corps avec le geste adapté à votre besoin du moment (tapotements, effleurements, frictions, pressions douces...) de la tête aux pieds, en position debout ou assise. L'important étant d'être présent à ce que vous faites.

Puis prenez un temps pour observer vos sensations corporelles, votre « vivance ». Utilisez ensuite l'inspiration pour amplifier toutes les sensations agréables, le temps de l'expiration afin d'intégrer cet agréable, ou encore d'équilibrer, de désactiver les excès.

Savourez !

Astuce en plus : *vous pouvez également faire cette technique avec les enfants, puisqu'elle est active et permet de bien prendre conscience du rôle amplificateur de l'inspiration et désactivateur de l'expiration.*

Là aussi vous pouvez, avant de vous étirer et de retrouver vos occupations du moment, laisser venir une image, un mot de calme...

Les 15 à 20 minutes

Ou comment devenir un apprenti sophro

Toilette énergétique

Inspirée du Do-in.

Pratiquée régulièrement, elle permet la stimulation de l'énergie de vie en soi, une meilleure conscience du corps, une détente « active », une nouvelle disponibilité dans sa journée par la dynamisation et l'équilibre qu'elle procure.

En position debout, prenez un temps afin de relâcher vos points clés, de retrouver la sensation agréable de votre respiration, de vous étirer... et savourez votre verticalité sans tensions, votre stabilité, comme un bel arbre.

Quand le moment est juste pour vous, prenez la position assise et faites le tour de vos nouveaux points d'appuis. Prenez le temps de sentir votre corps s'y déposer.

Suivez quelques instants le trajet de l'air qui circule librement à votre rythme. Si besoin, allongez légèrement votre expire.

Cette toilette énergétique commence par l'automassage de vos mains, et va ensuite de la tête jusqu'aux pieds.

Choisissez le geste dont vous avez besoin dans l'instant présent (tapotements, lissages...) et poursuivez comme ci-dessous avec un temps d'observation des modifications sensorielles (manifestations de l'énergie de vie), les mains posées sur les cuisses, entre chaque partie dynamisée :

– les mains,

– les oreilles,

– le crâne,

– le visage,

– le cou, la nuque, les épaules,

– les bras,

– le thorax,

– les jambes, les pieds.

Une fois arrivé aux pieds, revenez à vos points d'appuis, et portez l'attention sur les sensations agréables de votre corps éveillé ; utilisez l'inspire pour amplifier, savourer ; l'expire pour désactiver, équilibrer, détendre votre corps au maximum.

Afin de percevoir votre corps dans son unité et transformer cette énergie de vie en force vivifiante, remettez-vous debout ou en bord de chaise, puis :

- inspirez,
- exercez une agréable tension (ou mobilisation) de tout le corps,
- expirez, soufflez plusieurs fois,
- laissez venir à vous une belle image, une force, une affirmation positive.

En dernier, faites le tour, mentalement, de ce qui a été vivifiant et vivez de belles respirations, étirez-vous, avant de retourner à vos activités.

Astuce en plus : *il n'est pas rare pendant les automassages que certaines personnes bloquent inconsciemment la respiration. Soyez vigilant !*

Jacobson complet

Libération de toutes les tensions !

Se pratique aussi bien debout, assis ou allongé.

Comme pour toute séance, revenez à vos points d'appuis et à l'observation de votre respiration.

- Inspirez, retenez l'air et contractez le visage et le front. Expulsez l'air en expulsant les tensions vers le bas, et dans les expirations suivantes si nécessaire. Savourez alors les sensations positives. Trois fois.
- Inspirez à nouveau, retenez l'air et contractez agréablement les membres supérieurs et les épaules (sans contracter le visage). Prenez conscience des parties du corps mobilisées et expirez en expulsant les tensions durant le nombre d'expires que vous souhaitez. Trois fois.
- Inspirez, retenez l'air et contractez les muscles des fessiers et du périnée (sans contracter le visage et les bras). Expulsez l'air en expulsant les tensions et dans les expirations suivantes si nécessaire. Savourez alors les sensations positives et la détente qui s'installe. Trois fois.
- Inspirez à nouveau, retenez l'air et contractez agréablement les membres inférieurs, sans contracter le reste du corps ; le plus simple étant de contracter légèrement les orteils. Prenez conscience des parties du corps mobilisées et expirez en expulsant les tensions durant le nombre d'expires que vous souhaitez. Trois fois.

- Terminez par une mobilisation agréable des muscles de tout le corps, suivie d'une expulsion des tensions résiduelles avec le nombre d'expires souhaité. Trois fois.

Prenez bien le temps de goûter les sensations dans le corps parfaitement détendu et de laisser venir à vous un mot de calme, une belle image.

Astuce en plus : *cette technique est très efficace aussi la nuit pour se rendormir. L'essayer c'est l'adopter !*

Séance n° 1

Ancrage et Présence

Se pratique debout puis assis.

Commencez par vous installer dans la posture debout et relâchez toutes les tensions évidentes. Retrouvez la sensation « que ça respire dans votre corps ».

Puis frottez la plante des pieds au sol (comme sur un paillasson). Quand c'est suffisant pour vous, stabilisez-vous et portez l'attention sur la plante de vos pieds et toutes les sensations activées. Relâchez vos points clés un peu plus et allongez le temps de l'expire comme pour laisser la plante des pieds s'étaler (ou imaginez de belles racines qui poussent).

Savourez votre stabilité et votre verticalité.

Puis faites suivant votre envie une toilette énergétique ou un Jacobson, que vous vivez à votre rythme.

Ajustez les sensations corporelles en utilisant inspire/expire pour trouver plus d'agréable et d'équilibre.

Prenez un temps qui vous permettra de « respirer » pleinement et profondément toutes ces sensations agréables et cet équilibre. Petit à petit, sentez tout votre corps respirer... observez avec le regard de la première fois la différence avec l'avant séance.

Finissez par vous étirer, récupérez le mouvement dans le corps et ouvrez les yeux avec plaisir sur l'extérieur !

Astuce en plus : *vous pouvez pendant les temps de respiration et avant la reprise du tonus, répéter mentalement une affirmation positive, ou tout simplement remercier l'air que vous respirez.*

Séance n° 2

Dynamisme et Force

Se pratique debout, assis, puis debout.

Commencez par vous installer dans la posture debout et relâchez toutes les tensions évidentes. Retrouvez la sensation « que ça respire dans votre corps » afin de laisser l'extérieur à sa place et porter l'attention sur l'intérieur.

Puis vous tapez les pieds au sol, l'un après l'autre, plusieurs fois, avec énergie. Quand c'est suffisant pour vous, stabilisez-vous et portez l'attention sur toutes les sensations activées. Relâchez vos points clés un peu plus et allongez le temps de l'expire comme pour laisser la plante des pieds s'étaler (ou imaginez de belles racines qui poussent).

Savourez votre stabilité à partir de vos pieds, respirez pleinement !

Effectuez une toilette énergétique avec des automassages toniques (pressions, tapotements avec le plat de la main, frictions).

Avant de poursuivre, ajustez les sensations corporelles en utilisant inspire/expire pour trouver plus d'agréable et d'équilibre. Il s'agit de garder l'empreinte dynamique.

Choisissez une force que vous nommez mentalement et qui correspond à votre nouvelle « météo intérieure ».

Continuez ensuite en posture debout en prenant le temps de retrouver agréablement une forme de relâchement debout. Prenez conscience de votre ancrage et du corps éveillé.

Puis pratiquez cet exercice simple et fabuleux : inspirez en venant mettre les pouces de chaque côté du nez, chacun bouchant une narine. Penchez-vous légèrement en avant puis expulsez l'air vivement en ôtant les pouces et en revenant lentement à la position initiale debout.

Relâchez tout ce qui a pu être tendu et accueillez et savourez les sensations corporelles et notamment, au niveau de la tête et du cerveau.

Finissez par vous étirer, récupérez le mouvement dans le corps rempli de dynamisme et ouvrez les yeux avec plaisir !

Astuce en plus : *n'oubliez pas que l'objectif n'est pas de faire de la gymnastique mais de vivre mieux avec son corps et de prendre conscience de ses manifestations. Le corps sait et parle ; prenez le temps de l'écouter avant qu'il ne parle par des « maux ».*

Séance n° 3

Énergie de vie et équilibre

La mise en disponibilité sera de votre choix : étirements, dépoussiérage du corps, respirations, paillasson, relâchement des points clés, etc.

Faites une toilette énergétique comme expliquée plus haut, avec le geste adapté à votre besoin du moment. Ajustez vos sensations afin d'obtenir un juste équilibre : ni trop, ni trop peu.

Puis transformez cette énergie de vie en mot vivifiant ou apaisant, image, couleur.

Continuez en pratiquant les exercices de la tête le plus lentement possible, comme indiqué ci-dessous, en position assise et en respiration libre. Ils sont un excellent moyen de prévention au niveau de la circulation cérébrale. Vous pouvez faire les 4 à la suite ou choisir celui du jour qui vous convient.

1. Portez lentement la tête vers l'arrière, bouche ouverte. Puis retour très lent à la position de départ ; accueil des sensations.

Puis, toujours bouche ouverte et en respiration libre, baissez lentement la tête comme si le menton allait toucher la poitrine. Retour très lent et accueil des sensations.

2. Tournez lentement votre tête vers la gauche ou la droite, en respiration libre, en portant votre attention sur les muscles

du côté opposé. Retour lent à la position centrale avec un temps d'accueil des sensations.

Même chose de l'autre côté.

3. Laissez aller votre tête vers l'avant et lentement, décrivez des cercles, dans un sens d'abord, dans l'autre ensuite. C'est une sorte d'automassage du cou très agréable. Et toujours l'accueil des sensations !
4. Il vient souvent conclure les exercices précédents, mais peut être effectué seul.

Il sollicite les muscles appelés peauciers du cou, donc mesdames, à vous la gymnastique du décolleté pour plus de fermeté.

C'est une sorte de grimace du visage, comme si en même temps vous avanciez votre menton, un peu comme une tortue ou un bulldog... Essayez devant votre miroir, le ridicule ne tue pas !

À faire le nombre de fois souhaité avant l'accueil des sensations.

Astuce en plus : *n'oubliez pas pendant les pauses d'observation des sensations de garder ce « regard de la première fois » et de relâcher dans le souffle les différentes parties du corps.*

Pour les exercices de la tête, si vous êtes sujet aux douleurs cervicales, ne bougez que sur le temps de l'expiration.

Les V.I.P.

Very Importante Pratique

« Toutes les fleurs de l'avenir
sont dans les semences d'aujourd'hui. »
Proverbe Indou

« On ne voit bien qu'avec le cœur,
l'essentiel est invisible pour les yeux. »
Antoine de Saint-Exupéry

Les Images

Ou comment utiliser ses capacités de régénération

Salive

Un autre baume pour le corps.

Se pratique autant que vous le voulez.

Vivez deux ou trois belles respirations et faites une boule avec votre salive. Puis imaginez votre salive comme un nectar, un baume lumineux, pailleté, rempli de poussières d'étoiles... Quand vous le souhaitez, avalez ce baume en suivant son trajet.

***Astuce en plus :** en conscience, vous pouvez vous dire que ce baume régénère et nourrit vos cellules au passage.*

Énergie lumineuse

Que la Lumière soit !

Imaginez pour cet exercice qu'à chaque expiration vous diffusez dans votre corps une délicate lumière ou une lumière colorée, irisée, de la poussière d'étoiles, l'énergie du soleil... jusqu'au bout de vos orteils.

Astuce en plus : *si vous en avez l'occasion, faites ce genre de pratique dans la nature, au soleil... Et respirez pleinement !*

Énergie vitale

Régénération des organes vitaux.

Comme les deux pratiques précédentes, autant que vous le désirez.

Commencez par vous installer confortablement et vivez quelques respirations profondes. Posez vos mains sur le ventre.

Visualisez (comme vous les imaginez !) vos intestins et la place de vos organes, de l'estomac jusqu'au petit bassin ; leurs formes et volumes.

Utilisez votre source lumineuse, votre couleur, pour remplir chacun de vos organes, à votre rythme et dans l'ordre que vous souhaitez.

Cet exercice se fait en respiration libre ou en allongeant le temps de l'expiration.

Astuce en plus : *finissez cette pratique en faisant le massage du 5 avec le plat de la main. Le début du cinq commençant sous le sein gauche en allant sous le sein à droite. Descendez légèrement puis formez la boucle en passant au-dessus du nombril et en la finissant au niveau du bas-ventre à votre droite.*

Chakras

Illuminer ses centres d'énergie.

Prenez le temps de vous installer comme si vous vous mettiez dans une bulle et retrouvez le contact avec le mouvement respiratoire en vous. Savourez cette respiration qui oxygène tout votre corps.

Puis laissez venir à vous l'emplacement de chacun de vos chakras et en commençant par celui situé au sommet du crâne, mettez une jolie lumière ou couleur. Vous pouvez visualiser ces centres d'énergie comme une zone plus ou moins grande, un rond, une boule…

Astuce en plus : *avec votre respiration, vous pouvez laisser s'étendre les zones de couleur ou de lumière ; vous pouvez également poursuivre en imaginant qu'ils tournent doucement comme une spirale.*

Lumière douce

Apaiser le corps et l'esprit.

C'est sur le temps de l'inspire que vous allez faire monter en vous une lumière douce, qui émane du centre de la Terre, entre par la plante de vos pieds et emplit au fur et à mesure tout votre corps. Au rythme qui est le vôtre, faites monter cette lumière douce jusqu'à votre tête et savourez l'apaisement de votre mental.

Astuce en plus : *vous pouvez laisser votre lumière poursuivre son chemin et rejoindre le ciel, l'univers, les étoiles... ou ce qui sera bien pour vous.*

Les Respirations du corps

Ou comment retrouver le lien corps-respiration

La respiration a une influence puissante sur la qualité de vos pensées et sur votre forme physique. Et puisque votre corps est un système vivant en perpétuelle régénération, vous pouvez en pratiquant ces quelques exercices, changer les schémas de respirations et de pensées.

Vous avez déjà remarqué qu'en ralentissant et en approfondissant consciemment votre rythme respiratoire, il vous est possible de mieux vous concentrer, de vous apaiser ou encore de retrouver une forme d'énergie corporelle.

Tous les exercices qui suivent (et comme tous les autres aussi !) se font avec beaucoup d'amour pour vous et pour chaque partie que vous faites respirer.

Respirations des diaphragmes

Nous sommes dotés de diaphragmes physiques et énergétiques.

En posture debout, assise ou encore allongée, cet exercice demande « de pousser l'inspiration », c'est-à-dire que l'inspiration doit vous donner la sensation d'élargir les côtes ; vous laissez l'expiration se faire naturellement. Faites des séries de dix très tranquillement.

Portez l'attention en premier sur le diaphragme qui sépare le haut et le bas du buste. Celui-ci est un muscle puissant dont un des rôles est de masser et de bien faire fonctionner le système digestif. Comme tout muscle qui se respecte, il est sujet aux tensions, émotions et stress en tout genre ! Il serait, si vous l'imaginez, comme une galette épaisse séparant le système pulmonaire du système digestif. Muscle de Vie, il est également le lien entre les deux pour que toute cette petite usine fonctionne à merveille. De plus, il est rattaché aux piliers musculaires du dos.

Vous portez donc votre attention sur la zone des dernières côtes (dites flottantes), vos bras étant collés, sans rigidité, de chaque côté de votre buste. Vous inspirez alors par le nez, le maximum d'air, tout en observant vos côtes pousser sur les côtés comme si elles allaient dire bonjour à l'intérieur de vos bras. Laissez l'expiration se faire naturellement par le nez ou la bouche. Vous allez vous rendre compte que le diaphragme « pousse » également au niveau du dos et du plexus.

Avec ce même système de respiration, vous pouvez poursuivre avec les respirations des diaphragmes énergétiques, celui notamment situé dans le bassin. Sentez l'inspiration « pousser » ou « ouvrir » votre bassin mais également le coccyx et les os du pubis. L'expiration procurant la sensation agréable de retour à soi.

Portez l'attention au niveau des tempes et inspirez comme si vous poussiez sur les tempes. Expirez tranquillement.

Astuce en plus : *pratiquez en même temps les respirations dites « conscientes aimantes ». C'est facile ! Il s'agit d'introduire l'idée quand vous faites ces exercices respiratoires, que l'air que vous respirez est parfait pour vous, et vous aime profondément. Vous pouvez faire de même d'ailleurs avec les aliments que vous consommez ou l'eau que vous buvez.*

Respirations du cœur

Se relier à sa nature joyeuse et expansive.

En posture assise le dos droit et sans tensions, ou debout, les pieds bien ancrés au sol.

Une fois bien installé, posez vos mains l'une par-dessus l'autre au niveau du sternum. Sous vos mains, accueillez votre cœur ou l'image de votre cœur. Puis à votre rythme, inspirez profondément par le nez et étendez vos bras de chaque côté en restant au niveau des épaules. Visualisez alors votre cœur et vos poumons remplis d'énergie positive, d'une couleur orangée par exemple, que vous laissez s'étendre au-delà de vos mains. Expirez lentement en ramenant les mains au sternum.

Cinq à dix fois avant de relâcher vos bras et d'ouvrir les yeux, le cœur content !

Astuce en plus : *vous avez la possibilité d'ajouter juste avant d'ouvrir vos yeux une affirmation positive : je suis gorgé d'amour, de joie, de gratitude...*

Respirations des organes

Capter leur mouvement de respiration procure un vrai sentiment de bonheur.

Commencez par visualiser ou sentir un de vos organes, vous pourrez ensuite, avec l'habitude, les sentir respirer tous ensemble. Il s'agit, en portant l'attention sur l'organe choisi et en le visualisant (cœur, foie, intestins, reins, vésicule, estomac, utérus pour les femmes...), de capter ou d'imaginer son mouvement de respiration, l'inspiration procurant une sensation d'expansion dans toutes les dimensions de l'organe, l'expiration lui permettant de se relâcher et de s'apaiser profondément.

Faites des séries de dix à vingt respirations puis passez à un autre organe si vous le souhaitez.

Astuce en plus : *pour faciliter l'exercice vous pouvez, avant la respiration des organes, faire une douche sèche ou des tapotements, afin d'être plus en conscience de la dimension corporelle.*

Respirations de la colonne

Vitalité et détente.

Comme pour la respiration des organes, visualisez votre colonne vertébrale à votre manière (la tige d'une belle fleur, un canal, le tronc d'un arbre élancé, chacune de vos vertèbres si cela vous plaît...) et laissez s'installer un mouvement qui reviendrait à dire que dans l'inspiration, votre colonne s'étire vers le haut et vers le bas (comme un élastique) et qu'elle revient doucement sur le temps de l'expiration à sa position initiale.

Astuce en plus : *votre colonne est subtile et délicate. Tout comme votre cœur, posez une attention bienveillante sur elle.*

Respirations de la peau

Elle respire aussi !

Pour cette pratique, portez l'attention sur le maximum de surface de votre peau. Gardez votre attention ainsi quelques minutes, en même temps que sur votre respiration qui s'apaise petit à petit. Maintenant laissez venir à vous l'idée que vous respirez par tous les pores de votre peau, tranquillement, en appréciant la sensation agréable que cela vous procure.

Astuce en plus : *vous pouvez ajouter les respirations « conscientes aimantes » et ainsi sentir toute la surface de votre peau respirer cet air parfait pour vous, qui vous aime profondément.*

Les sourires

Ou comment développer la gratitude envers son corps.

Les pratiques du Sourire intérieur permettent de transformer les sentiments négatifs en énergie positive, de cultiver la beauté de son espace émotionnel.

Elles entraînent le système nerveux à une relaxation profonde, réduisant le stress et augmentant notre force vitale, notre confiance.

Toutes les pratiques du Sourire se font en position assise dite du cavalier, c'est-à-dire en bord de chaise, les pieds bien à plat au sol, les épaules relâchées, la langue collée au palais. Notez que le niveau des genoux doit être légèrement plus bas que le niveau du bassin (si cette posture vous est inconfortable, essayez allongé) ; en respiration libre et régulière. Si besoin, faites une dynamisation corporelle avant de commencer et de vous asseoir, afin d'être bien présent à vous-même.

Sourire à la terre

En hommage à la Terre, si belle...

Laissez venir un beau sourire (réel ou imaginaire) que vous adressez à la terre, sous vos pieds. Ressentez le contact de vos pieds avec elle, frottez la plante de vos pieds au sol, bougez vos orteils. Imaginez de belles racines pleines de vie partant de la plante et s'enfonçant très profondément dans la terre.

Souriez pleinement à la terre sous vos pieds et en retour, accueillez son sourire. Sentez monter en vous ce beau sourire de la terre dans vos racines, vos pieds, vos jambes et jusque dans le bassin.

Remerciez la Terre pour ce beau sourire qu'elle vous adresse en retour, la terre qui vous nourrit et vous accueille.

Astuce en plus : *les remerciements et la gratitude augmentent notre taux vibratoire et donc notre énergie, donc pas d'hésitations !*

Sourire au cosmos

Cultiver sa bonne étoile.

Dans la même disponibilité que le sourire à la Terre. Souriez au cosmos, au soleil, aux étoiles, à votre étoile, jusqu'à ressentir et accueillir en retour leurs sourires.

Remerciez le cosmos et les étoiles pour leurs sourires, leurs belles énergies et leur accueil, leur beauté. Puis laissez se poser leurs sourires dans l'espace entre les deux yeux. Prenez le temps de savourer, de respirer paisiblement et joyeusement.

Astuce en plus : *vous pouvez prolonger le sourire au cosmos en finissant par un sourire que vous adressez à votre bassin en accueillant son propre sourire en retour.*

Sourire au cœur

Quelle merveille que le cœur !

Posez votre attention sur votre cœur. Sentez-le battre calme et fort. Adressez-lui alors un beau sourire et observez son énergie qui s'étend, comme si vous sentiez votre cœur heureux, content. Recevez en retour son magnifique sourire et respirez les sentiments de joie, d'amour, de respect, de bonheur que cela vous procure.

Remerciez votre cœur pour ces sentiments, pour son sourire et tout ce qu'il fait pour vous.

Astuce en plus : *vous pouvez étendre le sourire du cœur aux poumons.*

Sourire aux organes

Augmenter l'énergie des organes.

Avec le même principe, adressez un beau sourire à chacun des organes suivants : estomac, foie, rate-pancréas, reins et pour finir aux organes génitaux en accueillant en retour leurs beaux sourires. Remerciez vos organes pour leur santé et leur efficacité. Prenez le temps de respirer...

Astuce en plus : *il est possible dans l'intention, d'adresser également ces sourires aux cellules de chaque organe. Diriger votre attention ou imaginer suffit ! N'essayez pas forcément d'avoir une représentation précise de vos organes et cellules pour ce genre d'exercice.*

Sourire aux cellules

Faire pétiller les cellules.

Avec amour et gratitude, souriez à tout votre corps puis à chacune de vos cellules, à l'espace où baignent vos cellules. Remplissez chacune d'elles de ce sourire et accueillez en retour leur sourire empli de vie et de pétillance. En souriant à vos cellules, vous pouvez ressentir la joie à l'intérieur mais aussi dans l'espace extérieur qui vous entoure, plus d'amour et de respect pour vous et votre environnement.

Remerciez votre corps, vos cellules et l'espace dans lequel elles baignent pour leur sourire et leur travail quotidien.

Astuce en plus : *vous pouvez combiner ensemble tous les sourires en respectant l'ordre proposé : terre, cosmos, cœur, organes, cellules...*

Et trouvez bien d'autres sourires encore à vous adresser.

Conclusion

Lancez-vous dans la pratique avec plaisir ! Nous aspirons tous à être heureux...

Pour certains, il s'agit d'être plus présent au monde ; pour d'autres, la sensation de mieux vivre avec leur corps ou de se sentir pleinement en vie, de pouvoir agir sur des moments de stress, de se détendre facilement ou encore de mieux respirer.

Grâce à ces exercices simples et dynamiques, concrets et faciles, chacun peut prendre conscience de son potentiel corporel et de l'énergie de vie qu'il possède, de la multitude de ressources que nous avons à notre disposition. Et vous pouvez mettre en pratique dès aujourd'hui ! Laissez de côté les *a priori* et les idées toutes faites. Il ne faut pas forcément être un moine zen ou avoir des années de pratique pour obtenir des résultats !

William Cowper, poète britannique, écrivait en 1782 : « le bonheur dépend peu des éléments extérieurs ». Cela ne date donc pas d'aujourd'hui !

Faites-vous confiance pour trouver de nouvelles habitudes de vie visant l'équilibre et la tranquillité dans vos pensées, vos émotions, vos actions.

Ces petites pratiques faciles que vous pouvez effectuer dans les transports en commun, chez vous, au travail, dans un jardin, en vacances... peuvent y contribuer. Étant une habituée de la vie parisienne, j'utilise mes temps de transports pour centrer mon attention sur ma respiration, faire des visualisations. Je suis ainsi moins perméable aux stress extérieurs et plus sereine. Des actes qui amènent plus de satisfactions, donc plus de joie, le sentiment d'être vivant, la possibilité de rajouter de la vie à sa vie !

Soyons dans notre vie dans une observation tranquille et arrêtons du mieux que nous pouvons les jugements et les interprétations. Repensons nos priorités et décidons fermement de nous tourner vers les sentiments positifs. Rehaussons notre quotidien, notre qualité de vie en y mettant nos capacités à nous rendre plus serein, plus en équilibre sur nos deux pieds.

Le but n'étant pas d'être Miss ou Mister Happy toujours au top, mais plutôt de pratiquer, souvent, des choses simples, d'être ancré dans le présent, de ne pas laisser la voix off de nos ruminations (fréquentes !) ternir la richesse du quotidien.

Soyez sûr que ces petites pratiques amènent des changements de météo intérieure, de regards sur soi et sur l'extérieur, vous permettant ainsi d'être artiste et créateur de votre bonheur.

Voilà le chemin de la Joie.

Nous favorisons ainsi la construction d'un monde meilleur pour nous et pour nos proches. Une sorte d'écologie personnelle et commune.

Au-delà des méthodes et des mots, puissiez-vous trouver des étendues de vie plus grandes et plus vastes.

À Julien pour toute sa délicatesse.

Achevé d'imprimer en décembre 2014
sur les presses de la Nouvelle Imprimerie Laballery
58500 Clamecy
Dépôt légal : septembre 2014
Numéro d'impression : 411362

Imprimé en France

La Nouvelle Imprimerie Laballery est titulaire de la marque Imprim'Vert®